GottesPastoral

Paul M. Zulehner / Josef Brandner

# »Meine Seele dürstet nach dir«

(Psalm 63,2)

# GottesPastoral

Schwabenverlag

**Bibliografische Information Der Deutschen Bibliothek**
Die Deutsche Bibliothek verzeichnet diese Publikation in der Deutschen Nationalbibliografie; detaillierte bibliografische Daten sind im Internet über http://dnb.ddb.de abrufbar.

2. Auflage 2003


www.schwabenverlag.de

Umschlaggestaltung, Layout und Satz:
Wolfgang Sailer, Oberboihingen
Umschlagmotiv: Christus als barmherziger Samariter,
Codex Rossanensis, Syrien, um 550
Herstellung: Konkordia Druck, Brühl
Printed in Germany

ISBN 3-7966-1056-0

# Inhalt

## *Kirchen-Vision*



## *Urbewegungen gläubigen Lebens*

## *Lebensorte*



## *Leben ist Entwicklung*

# Vorwort

## Ein mehrbedeutendes Wort

Das Wort ist nicht geläufig. Zudem ist es mehrdeutig: GottesPastoral kann ausdrücken, dass alles pastorale Handeln letztlich durch Gott, aus seiner Kraft, seinem Geist geschieht. Gott ist dann der »erste Seelsorger« , der Hirte der Menschheit. GottesPastoral meint zu allererst, dass Gott an uns Menschen »pastoral« handelt.

Sodann kann dieses Wort auch gelesen werden für eine Pastoral, die von Gott seinen Ausgang nimmt und zu ihm zurückführt. Es ist dann eine »gottförmige« Pastoral. Für sie lassen sich Menschen von Gott in Dienst nehmen. Wo immer die Kirche als Gottes Volk pastoral tätig ist, ist sie auf solche »gottförmige Pastoral« verpflichtet.

Pastoraltheologie, die solches »gottförmiges« Handeln bedenkt, verdient den Ehrentitel »Theologie« . Sie nimmt ihren Ausgang beim »Theo-Log« , dem Gespräch der Pastoraltheologin, des Pastoraltheologen mit Gott.

Zugleich schaut solche Pastoraltheologie aus dem Blickwinkel und mit der Leidenschaft Gottes auf die Welt. Und das deshalb, weil eben diese Welt und darin die Menschen Gottes Herzensanliegen sind:

*Da, SEIN Augenmerk ist*
*auf die ihn Fürchtenden,*
*die seiner Huld Harrenden,*
*ihre Seele vom Tode zu retten,*
*sie in Hungersnot am Leben zu halten*
(Ps 33,18–19).

Solches Hinschauen auf die Welt mit den Augen Gottes nennt die Tradition, insbesondere der große Konzilspapst Johannes XXIII., im Anschluss an Jesus selbst (Mt 16,2–4) das »Lesen der Zeichen der Zeit«. Es war zehn Tage vor seinem Tod. Am Morgen dieses Tages ist Johannes XXIII. von seinen Vertrauten umgeben:

*»In Gegenwart meiner Mitarbeiter kommt mir spontan in den Sinn, den Akt des Glaubens zu erneuern. So ziemt es sich für uns Priester, denn zum Wohl der ganzen Welt haben wir es mit den höchsten Dingen zu tun und deshalb müssen wir uns vom Willen Gottes leiten lassen. Mehr denn je, bestimmt mehr als in den letzten Jahrhunderten, sind wir heute darauf ausgerichtet, dem Menschen als solchem zu dienen, nicht bloß den Katholiken, darauf, in erster Linie und überall die Rechte der menschlichen Person und nicht nur diejeniger der katholischen Kirche zu verteidigen. Die heutige Situation, die Herausforderung der letzten 50 Jahre und ein tieferes Glaubensverständnis haben uns mit neuen Realitäten konfrontiert, wie ich es in meiner Rede zur Konzilseröffnung sagte. Nicht das Evangelium ist es, das sich verändert; nein, wir sind es, die gerade anfangen, es besser zu verstehen. Wer ein recht langes Leben gehabt hat, wer sich am Anfang dieses Jahrhunderts den neuen Aufgaben einer sozialen Tätigkeit gegenübersah, die den ganzen Menschen beansprucht, wer wie ich zwanzig Jahre im Orient und acht in Frankreich verbracht hat und auf diese Weise verschiedene Kulturen miteinander vergleichen konnte, der weiß, dass der Augenblick gekommen ist, die Zeichen der Zeit zu erkennen, die von ihnen gebotenen Möglichkeiten zu ergreifen und in die Zukunft zu blicken.«*[1]

Um die Zeichen der Zeit gut zu erkennen, wird bei jenen, die GottesPastoral betreiben, der Theolog mit Gott zu



1 Kaufmann, Ludwig/Klein, Nikolaus: Johannes XXIII. Prophetie im Vermächtnis, Fribourg 1990, 24f.

einem umfassenden »Dia-Log« mit dem Alltagsleben der Menschen und allen, die sich damit fachkundig befassen. Ihre geborenen DialogpartnerInnen sind die vielfältigen Wissenschaften vom Menschen (Philosophie, Soziologie, Psychologie, Kulturwissenschaften, Geschichte etc.). GottesPastoral stützt sich aber zugleich auf die Geschichte Gottes mit seiner Welt und deshalb mit seinem auserwählten Volk und damit in einem richtigen Sinn verstanden mit seiner »Kirche«. Das erfordert innertheologisch den Dialog der Pastoraltheologie primär mit den biblischen Wissenschaften, aber auch der systematischen Theologie samt der Fundamentaltheologie sowie einer theologisch tief schürfenden Kirchengeschichte. Der Dialog mit einer Theologie der Religionen gewinnt in einer Zeit auch der religiösen Globalisierung immer mehr an Bedeutung.

Pastoraltheologie als GottesPastoral zu entwerfen (und nicht nur als Handlungswissenschaft oder als Sozialpastoral) ist der Versuch, diese von ihrem Ansatz her zu retheologisieren.[2] Christliche Praxis in gläubigen Netzwerken wird zum Ort des Gottesvorkommens.

## Biblische Gründungsurkunden

Im Laufe meiner langjährigen pastoraltheologischen Arbeit sind mir viele biblische Texte wichtig geworden. Sie bilden einen festen Boden für die Frage, was heute Christ zu sein heißt. Von da aus lässt sich auch erkennen, was heute christliche Kirchen im Namen Christi zu Gunsten der Menschen und ihrer Gesellschaften zu tun haben und wie sie dazu die kirchliche Innenarchitektur gestalten.

Diese tröstliche, herausfordernde, ja geradezu gefährliche Art, christlich zu leben, ist eng an die Nachfolge Jesu Christi gebunden. Der Christ begibt sich ja buchstäblich in

2 Dieses Anliegen teile ich mit Weß, Paul: Zwischen Relativismus und Absolutheitsanspruch, in: Stimmen der Zeit 126 (2001) 411–425, besonders 421ff.

»Gottesgefahr«, wenn er sich auf Gott einlässt und sich von ihm für seine Pastoral formen lässt. Diese Lebensart entspringt Jesu Vision, dass Gottes Reich komme und nicht noch länger durch unser Versagen und Sündigen aufgehalten werde, noch mehr: dass es in Jesus Christus schon da ist und sich über alle jene Menschen weiter ausbreitet, die in seiner Spur leben. Das heißt inhaltlich formuliert, dass Gottes Reich sich ausbreitet, wenn jemand erfasst von Gottes Vorschussliebe[3] ein liebender Mensch wird. Wenn auch nur ein einziger Christ, eine einzige Christin oder noch besser eine Gemeinschaft von Christen, die sich Kirche nennt, anfängt, anders zu leben, geschieht Änderung der Menschheit. Die von Gott Veränderten werden zur Vorhut, ja zum Sauerteig der Veränderung der ganzen Welt.

Wer sich von der Vision Jesu vom kommenden Gottesreich anstecken lässt, findet sich in seiner Jüngergemeinde wieder. Das Kommen des Reiches Gottes, in dem der Mensch im Kraftfeld des göttlichen Geistes zur vollen Menschlichkeit heranreifen kann, ist zwar nicht in jedem Fall an die Kirche gebunden. Gottes erneuernder Geist weht, wo er will. Manchmal sind die Mitglieder der Kirche mehr taub für Gottes Absichten als jene, die ihr formell nicht angehören. Dennoch bleibt die ganz konkrete Kirche jenes Instrument, das sich Gott eben für das Kommen seines Reiches in Geschichte und Gesellschaft ausgesucht hat und das er für seine GottesPastoral unentwegt neu schafft.

So habe ich gelernt, die Bibel nicht nur als Gründungsurkunde für die Kirche als Gottes Volk zu verstehen. Sie hilft mir in meiner pastoraltheologischen Forschungsarbeit auch, solide die Frage zu meditieren, wie *es* heute mit der Kirche Gottes weitergeht, genauer: Wie *Er*, Gott selbst, heute mit uns geht, welche Aufgaben er uns in seiner Welt zutraut und anvertraut und welche Gestalt sein Volk für diese heutigen Aufgaben braucht.



3 Nouwen, Henri: Seelsorge, die aus dem Herzen kommt, Freiburg [10]1989, 28.

Bei diesem Lernen ist mir der Priesterfortbildner Pfarrer Josef Brandner aus München ein guter Freund und Lehrer gewesen. Bei ihm habe ich gelernt, welche unerschöpfliche Quelle die biblischen Erzählungen für eine Pastoral(theologie) sind, die an Gott selbst Maß nimmt. Meinen Entwurf zu dieser GottesPastoral habe ich mit Josef Brandner durch besprochen. Er hat mir bei dieser Gelegenheit so viele Anregungen, Bilder und Gedichte vermittelt, dass er es verdient, Koautor dieses Buches zu sein.

In vielen Vorlesungen, Fortbildungskursen für hauptamtliche Seelsorgerinnen und Seelsorger, in Seminaren für Pfarrgemeinden und ihre Gremien habe ich die im Folgenden zusammengestellten biblischen Texte meditiert. Mit ihnen entwerfe ich die Grundzüge einer GottesPastoral. Solche Texte haben mir auch geholfen sicherzustellen, dass meine Pastoraltheologie dem Anspruch der Theologie gerecht wird.

Ich habe die einzelnen Texte thematisch gebündelt. Allem vorangestellt sind einige meditative Texte zur Art Gottes, mit uns Menschen zu sein. Gott ist – gestützt auf den biblischen Erfahrungsschatz – einer, der darum bekümmert ist, dass des Menschen Leben »tov«, gut ist. Und weil die Menschen vielfach verkrümmt und niedergedrückt sind, erweist er sich als ein Arzt, der den gebeugten Menschen »richtet«, nämlich aufrichtet und ausrichtet.

Dann richtet sich unser Blick auf jene, die von Gott dazu berufen und zusammengefügt sind, dass sie Gottes Pastoral erleben, was sie befähigt, selbst GottesPastoral zu betreiben. Hier finden sich dann biblische Berichte zur Gemeinde: ihren Grundgesten, ihrer Entwicklung. Schließlich finden sich Texte zum christlichen Leben heute.

Die vorgelegten Texte bilden keine umfassende biblische Pastoral. Vollständigkeit in der Art großartiger Katechismen wird nicht angestrebt. Lediglich Hauptspuren werden gelegt. Erhofft wird, dass sich die Geisteshaltung derer formt, welche diese meditativen Juwelen betrachten.

Ich entscheide mich auch in diesem Buch für »didaktische Diakonie«. Näherhin: Ich schreibe dieses Buch weniger für die »wissenschaftliche Sondergemeinschaft«, im Englischen »scientific community« genannt. Mir liegt daran, dass all jene das Buch gut und gern lesen, denen im wünschenswerten Normalfall in einer gläubigen Gemeinschaft lebend am Tiefgang ihres Lebens liegt und die dabei ahnen, dass das Evangelium Jesu Christi, dass Jesus Christus selbst »der Weg und die Wahrheit und das Leben« (Joh 14,6)[4] ist.

Allerheiligen 2001 *Paul M. Zulehner*

**4** Wo es nicht eigens vermerkt ist, welche Bibelübersetzung verwendet wird, handelt es sich bei den Stellen aus dem Alten Testament um die Übersetzung von Martin Buber/Franz Rosenzweig (Buber/Rosenzweig, Die Schrift. © Gütersloher Verlagshaus GmbH, Gütersloh), bei den Stellen aus dem Neuen Testament um jene von Fridolin Stier (Das Neue Testament. Übersetzt von Fridolin Stier. Aus dem Nachlass hrsg. von Beck/Miller/Sitarz. Kösel, München/Patmos, Düsseldorf, 1989).

# *Der bekümmerte Gott*

## Des »Menschleins« eingedenk

*JHWH, unser Herrscher,*
*wie gewaltig ist dein Name auf der ganzen Erde,*
*welcher deinen himmlischen Glanz widerspiegelt.*
*Aus dem Munde von Kindern und Säuglingen*
*hast du eine Festung errichtet*
*um deiner Widersacher willen,*
*um zum Aufhören zu zwingen Feinde und Rachgierige.*
*Sooft ich schaue deinen Himmel, Werke deiner Finger,*
*Mond und Sterne, die du an ihrem Platz festgemacht hast –*
*Was ist es um das Menschlein, dass du seiner gedenkst,*
*und um den Adamsohn, dass du (so) für ihn sorgst,*
*und dass du ihn wenig geringer machst als ein Gottwesen*
*und dass du ihn mit Herrlichkeit und mit Pracht krönst?*
*Du setztest ihn als König ein über die Werke deiner Hände,*
*alles legtest du unter seine Füße:*
*die Schafe und die Rinder insgesamt*
*und sogar die wilden Tiere des unbewohnten Landes,*
*die Vögel des Himmels und die Fische des Meeres,*
*die Wanderer auf den Wegen der Meere.*
*JHWH, unser Herrscher,*
*wie gewaltig ist dein Name auf der ganzen Erde.*
(Ps 8, Übersetzung Erich Zenger)

»Praktische Theologie« fragt nach Gottes Praxis. Wie er ist zu uns Menschen. In jener Welt, die er für uns geschaffen hat. Sie ist das Werk der »Finger Gottes«: der

*Bei der Erschaffung der Vögel sieht Gott in Gedanken Adam, Nordportal der Kathedrale von Chartres, 13. Jh.*

Himmel und an diesem Mond und Sterne. Himmlischen Glanz spiegelt die Erde wider. Hier lebt der Mensch. Vergleichsweise zur Pracht des Kosmos und dessen lange Geschichte klein und unscheinbar. »Was ist es um das Menschlein, um den Adamsohn?«

Dann kommt jene Kernaussage, beiläufig, welche wie ein roter Faden die biblischen Texte durchzieht. Gott gedenkt dieses »Menschleins«. Der Adamsohn ist einer, um den Gott so sehr sorgt. Das macht ihn groß, krönt ihn mit Pracht und Herrlichkeit, setzt ihn ein als Herrscher über Gottes Werke.

Was ist der Mensch? Neuestens befassen sich Symposien wieder mit der ältesten aller Menschheitsfragen. Viele Disziplinen beteiligen sich an diesem Disput. Vor allem die Lebenswissenschaften haben dieser Frage heute neue Dringlichkeit verschafft. Je tiefer die Biochemie und die Biophysik in die genetischen Geheimnisse eindringen, je reicher die Ergebnisse der Hirnforschung sind, je größer also der naturwissenschaftliche Fortschritt ist, desto öfter hört man die Frage: »Was ist der Mensch?«

Im Volk Israel wird diese Frage in ihren letzten Tiefen ausgelotet. Israel redet im Hymnus an Gott vom Menschen. Das Lob Gottes ist der beste Raum für die Rede vom Menschen. Da kommt der Mensch groß heraus, obwohl er sich selbst klein empfindet und klein gemacht wird. Der Mensch ist einer, dessen Gott eingedenk ist. Das macht seine Würde und Größe aus.

# Lebe!

*So hat mein Herr, ER, zu Jerusalem gesprochen:*
*Dein Ursprung, deine Geburt,*
*sind vom Kanaaniterland her,*
*dein Vater war der Amoriter,*
*deine Mutter Chetiterin.*
*Und das war deine Geburt:*
*am Tag, da du geboren wurdest,*
*ward deine Nabelschnur nicht abgeschnitten,*
*wardst nicht in Wasser gebadet zur Säubrung,*
*mit Salz wurdest du nicht besalzt,*
*in Windeln wurdest du nicht gewindelt,*
*nicht ein Auge hats dein gedauert,*
*dir eins von diesen zu tun,*
*Schonung dir zu gewähren –,*
*wardst aufs flache Feld hingeworfen,*
*da mißfällig war deine Seele*
*am Tag, da du geboren wurdest.*
*Ich aber trat zu dir, ich sah dich,*
*wie du zappeltest in deinem Blut,*
*ich sprach zu dir in deinem Blut:*
*»Lebe!«*
*»In deinem Blute lebe!«*
(Ez 16,3–6)

## Leben als Gottes Absicht

Es ist ein elementarer Text. Die Sprachgewalt von Martin Buber verstärkt ihn noch. Der Säugling steht für das Volk Israel – und dieses wiederum ist Sinnbild der ganzen Menschheit. Die Lage Israels wird in dieser Erzählung ebenso drastisch geschildert, wie auch Gottes Absicht mit seinem Volk offenbar wird. Von sich aus ist das Volk (als der »aufs Feld hinausgeworfene Säugling mit Nabelschnur in seinem Blut«) dem Tod näher als dem Leben. Von sich aus hätte es keine Chance.

Das aber entspricht, so der Prophet als »Gottesmund«, nicht den Absichten Gottes. Sein Interesse an Israel, sein Interesse an den Menschen geht in die gegenteilige Richtung. Nicht Tod, sondern Leben ist seine Vision. Deshalb tritt Gott, so die Erzählung des Propheten, an den Säugling (das Volk) heran und schwört ihm Leben zu. Leben also ist Gottes Absicht, elementar und eindeutig. Daraus kann auch jetzt das Volk in der Verbannung Hoffnung schöpfen. Daher kann der Psalm 33 sagen:

*Da, SEIN Augenmerk ist*
*auf die ihn Fürchtenden,*
*die seiner Huld Harrenden,*
*ihre Seele vom Tode zu retten,*
*sie in Hungersnot am Leben zu halten.*
(Ps 33,18–19)

»Leben«[5] ist sowohl im Alten wie im Neuen Testament ein Schlüsselwort.[6] »Zu Zeugen habe ich heuttags gegen euch den Himmel und die Erde genommen, das Leben und den Tod habe ich vor dich hin gegeben, die Segnung und die Verwünschung, wähle das Leben, damit du lebst, du

**5** Für die Frommen des Alten Bundes gilt Leben als *die* Gabe Gottes schlechthin. Gott gibt das Leben, er erhält und schützt es auch. »Leben im shalom« (1 Kor 7,15c), unversehrtes, gesundes, geordnetes, glückliches Leben, erwächst aus der lebendigen Beziehung des Menschen zu Jahwe, den zum Leben rettenden Gott (Ex 3,12.14). Gott gilt als Freund, ja geradezu als Liebhaber des Lebens (Weish 11,24ff.). Er gibt ein Land, das randvoll ist von Lebensgütern, in dem »Milch und Honig« fließen. Er schenkt Gesundheit, Kindersegen, Fruchtbarkeit auf dem Acker und beim Vieh, Glück und Frieden und eine hohe Zahl von Jahren (Pred 8,15; 9,8ff); In all diesen Lebensgütern wird das wichtigste Gut konkret erlebt, das Wohlwollen Gottes, der Leben gönnt (Koh 2,24ff; 3,12f; 5,18f.).
**6** Zu weiteren Schlüsselworten kirchlichen Tuns wie Frieden, Befreiung, Hoffnung, Heilen, Volk Gottes, Auferweckung: Zulehner, Paul M.: Fundamentalpastoral. Kirche zwischen Auftrag und Erwartung, Düsseldorf 1989, 60–99. Zum Schlüsselwort Leben: 82–89.

und dein Same« (Dtn 30,19). Auch die zehn Gebote sind wörtlich übersetzt »Worte zum Leben«, »Lebensweisungen«.[7] Gott ist ein »Liebhaber des Lebens«:

*Du liebst alles, was ist,*
*und verabscheust nichts von allem,*
*was du gemacht hast;*
*denn hättest du etwas gehasst,*
*so hättest du es nicht geschaffen.*
*Wie könnte etwas ohne deinen Willen Bestand haben,*
*oder wie könnte etwas erhalten bleiben,*
*das nicht von dir ins Dasein gerufen wäre?*
*Du schonst alles, weil es dein Eigentum ist,*
*Herr, du Freund des Lebens.*
(Weish 11,24–26)[8]

## Helft den Menschen leben!

Auf diesen Prüfstand gehört, was Menschen im Namen Gottes tun: allein oder in kirchlichen Gemeinschaften. GottesPastoral ist »biophil« (Erich Fromm), lebensförderlich, lebensfreundlich.

Daher versuchen die Kirchen in Lateinamerika im Rahmen ihrer Option für die Armen, die von dort aus in die Weltkirche Eingang gefunden hat, die »Lebens- und Todeszeichen« in den Gesellschaften aufzuspüren. »Lebenszeichen« werden verstärkt, gelten als Orientierung für gesellschaftlich wünschenswerte Entwicklung. »Todeszeichen« hingegen bilden den Ansatzpunkt für Kritik und für eine Politik, »Tode vor dem Tod« zurückzudrängen, also todbringende Armut, todbringende Diskriminierung von Frauen, den Mangel an Lebenschancen für Kinder, für Alte, für Armgemachte aller Art.

**7** Limbeck, Meinrad: Aus Liebe zum Leben. Die Zehn Gebote als Weisungen für heute, Stuttgart ³1983.
**8** Dies ist die Einheitsübersetzung.

»Helft den Menschen leben« ist der Titel eines meiner frühen pastoraltheologischen Bücher.[9] Es wurde damals ein Bestseller. Offenbar gab es bei vielen in der Pastoral den Wunsch nach einer Neuorientierung hin zu einer lebensfreundlichen Pastoral.

Das Programm hat bis heute an Aktualität nicht verloren. Denn es drückt die bleibende Grundtönung der GottesPastoral aus.



9 Zulehner, Paul M.: Helft den Menschen leben. Für ein neues Klima in der Pastoral, Freiburg 1978.

# Tov

*Erschaffung der Eva,*
*Mosaik in der Kuppel des Baptisteriums, Florenz*

*ER, Gott, sprach: Nicht gut ist, daß der Mensch allein sei, ich will ihm eine Hilfe machen, ihm Gegenpart. ER, Gott, bildete aus dem Acker alles Lebendige des Feldes und allen Vogel des Himmels und brachte sie zum Menschen, zu sehn wie er ihnen rufe, und wie alles der Mensch einem rufe, als einem lebenden Wesen, das sei sein Name. Der Mensch rief mit Namen allem Herdentier und dem Vogel des Himmels und allem Wildlebenden des Feldes. Aber für einen Menschen erfand sich keine Hilfe, ihm Gegenpart. ER senkte auf den Menschen Betäubung, daß er entschlief, und nahm von seinen Rippen eine und schloß Fleisch an ihre Stelle. ER, Gott, baute die Rippe, die er vom Menschen nahm, zu einem Weibe und brachte es zum Menschen. Der Mensch sprach: Diesmal ist sies! Bein von meinem Gebein, Fleisch von meinem Fleisch! Die sei gerufen Ischa, Weib, denn von Isch, vom Mann, ist die genommen. Darum läßt ein Mann seinen Vater und seine Mutter und haftet seinem Weibe an, und sie werden zu Einem Fleisch. Die beiden aber, der Mensch und sein Weib, waren nackt, und sie schämten sich nicht.*
(Gen 2,18–25)

Gott ist des »Menschleins« eingedenk und sorgt sich um den Adamsohn, so der Psalm 8. Eine praktische Grundmelodie dieser Sorge Gottes um den Menschen ist, dass er vorsorgt, dass es mit dem Menschen gut ist. Und dass er beseitigt, was nicht gut ist für den Menschen. »Es ist nicht gut, dass der Mensch allein sei.«

Für »gut« steht das hebräische Wort »tov«. Es begegnet uns im dem häufigen Glückwunsch »masseltov«. Tov meint gelingend, zufrieden, ganz und gar heil. Gottes Vorsorglichkeit für den Menschen zielt auf allumfassende Güte des Menschseins.

Diese Grundmelodie der Sorge Gottes darum, dass des Menschen Leben gut sei, kennt freilich eine unüberhörbare Gegenmelodie – das vielfältige Leid, das auch ohne Zutun von Menschen über Menschen kommt: über Kranke, Behinderte, Opfer von Naturgewalten. Die Bibel kennt solches Fragen auch. Das Buch Hiob ist von ihm randvoll. Auch in Jesu Leben, vor allem in seiner Leidensgeschichte, verdichtet sie sich im Schrei, warum Gott ihn verlassen habe.

Und dennoch hält die biblische Tradition die Grundmelodie durch. Seine Liebe ist stärker als Leid und Tod. Und Gott wird die Menschheit in ein solches Leben in seinem Himmel befreien – wobei solcher Himmel jetzt schon »zwischen uns« ist, wenigstens in Ahnungen und Spuren.

# Leben in Frieden

*Den Übrigen aber sage ich – ich, nicht der Herr: Wenn ein Bruder eine nichtgläubige Frau hat, und die ist willens, mit ihm zusammenzuhausen, so entlasse er sie nicht. Und hat eine Frau einen nichtgläubigen Mann, so entlasse sie den Mann nicht. Denn: Eingeheiligt ist der nichtgläubige Mann in der Frau, und eingeheiligt ist die nichtgläubige Frau im Bruder. Sonst wären ja eure Kinder unrein, wo sie doch heilig sind. Wenn aber der Nichtgläubige sich trennt, so mag er sich trennen. Nicht knechtisch gebunden ist der Bruder oder die Schwester in solchen Fällen. Gott hat euch ja zum Frieden berufen.*
(1 Kor 7,12–15)

## Eingeheiligt

Leben als Grundinteresse Gottes. Aber nicht irgendein Leben. Vielmehr ein Leben in Frieden, biblisch »im schalom«. Denn, so Paulus an die Christengemeinde in Korinth, dazu hat Gott uns berufen.

Für Paulus ist diese Formel vom »Leben im schalom« offenbar eine oberste pastorale Leitlinie. Er wendet sie in einer keineswegs einfachen Situation an. Da ist jemand im heidnischen Korinth Christ oder Christin geworden. Das hatte damals offenkundig – anders als in unserem schwach gewordenen christlichen Leben heute – drastische Auswirkungen auf die Ansichten vom Leben und die Art, wie es geführt wurde.

Manchmal ging das gut. Der andere, die andere wurde »eingeheiligt«, wie eben auch die Kinder, die in einer vom Glauben geprägten familialen Lebenswelt aufwachsen.

Solche »Einheiligung« wird auch immer wichtiger, je mehr Christen in einem Land, in der Welt zur »Minderheit« werden. Stellvertretung bekommt wieder einen Wert. Sie lebt davon, dass untergründig alle Menschen miteinander verwoben sind, im Unheil wie im Heil. Deshalb ist in der christlichen Theologie die Rede von »Erbschuld« und von »Erbheil«:

*Jedoch nicht so, dass es wie mit der Verfehlung, so auch mit der Gnadengabe wäre. Denn: Wenn durch des einen Verfehlung die Vielen starben, in wie viel größerem Maße strömte dann die Gnade Gottes und das Geschenk der Gnade des einen Menschen – Jesus des Messias – auf die Vielen.*
(Röm 5,15)

Menschen, die mit anderen in der Spur Christi leben, nehmen an seiner »Stellvertretung« teil. In den Glaubenden wird ein Teil der Menschheit gläubig. Und das zählt vor Gott, wie das Ringen des Abraham mit Gott angesichts der drohenden Vernichtung Sodoms verdeutlicht:

*ER sprach: Der Klageschrei über Sodom und Gomorra, wohl, er schwoll, und ihre Sünde, wohl, sie wuchtet sehr, niederziehen will ich doch und sehen – haben sie nach dem Schrei darüber, der zu mir kam, getan: – Vertilgung! und wenn nicht: – ich wills erkennen. Die Männer wandten sich von dort und gingen auf Sodom zu, Abraham aber, noch stand er vor IHM. Nun trat Abraham vor und sprach: Willst du wirklich den Bewährten raffen mit dem Frevler? Vielleicht sind fünfzig Bewährte anwesend drin in der Stadt, willst du die wirklich raffen? Willst dus dem Ort nicht tragen der fünfzig Bewährten wegen in ihrer Mitte? Weitab sei dir nach dieser Rede zu tun, den Bewährten mit dem Frevler zu*

*töten, daß Gleiches dem Bewährten, Gleiches dem Frevler geschehe, weitab sei es dir! Alles Erdlands Richter, wird der nicht das Recht tun? ER sprach: Finde ich in Sodom fünfzig Bewährte, drin in der Stadt, will ichs all dem Ort tragen um ihretwillen. Abraham antwortete, er sprach: Da habe ich mich doch vorgewagt zu meinem Herrn zu reden, und ich bin ja Staub und Asche: vielleicht fehlen an den fünfzig Bewährten fünf – willst du um die fünf all die Stadt verderben? Er sprach: Nicht will ich verderben, finde ich dort fünfundvierzig. Er aber fuhr fort noch zu ihm zu reden, er sprach: Vielleicht finden sich dort nur vierzig? Er sprach: So tue ichs nicht, um der vierzig willen. Er aber sprach: Nimmer entflamme es doch meinen Herrn, daß ich weiter rede: vielleicht finden sich nur dreißig dort? Er sprach: So tue ichs nicht, finde ich dort dreißig. Er aber sprach: Da habe ich mich nun doch vorgewagt zu meinem Herrn zu reden: vielleicht finden sich nur zwanzig dort? Er sprach: Nicht will ich verderben, um der zwanzig willen. Er aber sprach: Nimmer entflamme es doch meinen Herrn, daß ich noch das eine Mal rede: vielleicht finden sich dort nur zehn? Er sprach: Nicht will ich verderben, um der zehn willen. ER ging, als er vollendet hatte zu Abraham zu reden, und Abraham kehrte an seinen Ort.*
(Gen 18,20–33)

## Frieden

Was aber, wenn der andere nicht »eingeheiligt« wird? Das hatte dann zur Folge, dass wegen der Widersprüche in Fragen des Glaubens der Lebensfrieden gefährdet war. Dann aber, so Paulus in seiner mutigen pastoralen Vollmacht – ein Herrenwort hat er dafür ja nicht – sind die

Menschen aneinander nicht »sklavisch gebunden«. Und dass es so ist, wird mit dem »Leben in Frieden« begründet.

## Schalom

Frieden (»schalom« und »eirene«) ist neben Leben ein weiteres Schlüsselwort der biblischen Tradition.

Das Wort Frieden drückt einen Zustand des Lebens aus, der mit Ganzsein zu tun hat. »Es geht ums Ganze.« Darauf verweist schon die Sprachwurzel von schalom, nämlich schalamu, was so viel heißt wie heil, ganz, unzerstückelt, unversehrt, wohlauf, sozial geordnet, im Glück lebend. Schalom ist damit weit mehr als die Abwesenheit von Krieg: Wobei es sogar einen Krieg gibt, der in schalom geführt werden kann (2 Sam 11,7).[10] Vielmehr ist schalom eine Lebensgestalt von »Glück rundherum«. »Es stimmt auf der ganzen Linie«. Wer im Schalom ist, ist »stimmig«. »Friede ist also nicht anderes als die heile Ordnung des menschlichen Lebens und der Welt; er schließt deshalb Gerechtigkeit, Wahrheit, Leben usw. ein; er ist der Inbegriff dessen, was wir konkret meinen, wenn wir von Heil sprechen.«

Wenn Israeliten der biblischen Zeit einander trafen, fragten sie: Wie geht es deinem Schalom? Oder wenn man sich nach einem Dritten erkundigte: Wie geht es seinem Schalom? (Gen 29,6; 43,27) Die Menschen hofften, in Frieden schlafen zu können, ja begraben zu werden. Ebenso wünschten sich die Leute schalom für das Volk und für das Land (Lev 26,6).

Frieden ist eines jener großen Worte, welche die Heilssehnsucht der Menschheit aufheben und zum Ausdruck bringen. Die Sehnsucht nach diesem Frieden steckt tief in der Menschheit, sie ist der letzte Grund, warum die Gegenwart, wie sie stattfindet, als unbe-fried-igend wahrge-

**10** Groß, H.: Friede, in: Bauer, Johannes B.: Bibeltheologisches Lexikon, Graz 1967, 436–440.

nommen werden kann. Aber gerade in der unbefriedeten Situation bricht diese Sehnsucht durch und gewinnt dabei eine facettenreiche Gestalt. Die Friedenssehnsucht begegnet dann als Erinnerung an eine entschwundene selige Urzeit, als Paradies; sie ist aber auch als Erwartung eines umfassenden Endfriedens, als messianisches Friedensfest gegenwärtig.

## Gottesfrieden

Die Bibel sagt auch, woher dieser Friede kommt. Ursprung des Friedens ist der um den Menschen besorgte Jahwe-Gott. Friede ist sogar ein Name für diesen biblischen Gott (Ri 6,24), er ist *der* »Gott des Friedens« (1 Kor 14,33). Wo Gott unter Menschen »heimisch« ist, kann Frieden aufkommen. Wo er nicht zu Hause ist, wo Gottlosigkeit herrscht, wo Gott fern und fremd ist, ist der Bannkreis des Misstrauens, der Rivalität, der Friedlosigkeit (Jes 48,22). Gott ist es, der über seinem Volk »schalom« schafft, singen die Wallfahrtspsalmen (Ps 125,5; 128,6). Gott hat in seiner Menschheit vor allem dadurch Frieden gestiftet, dass er sich in unsere friedlose Geschichte eingemischt hat. Er ist in seinem Sohn einer von uns geworden, um aufzuheben, was dem schalom entgegensteht. Daher ist die entscheidende Gabe, die Gott durch die Menschwerdung in die Geschichte bringt, der Friede. Friede ist *die* Gabe des Auferstandenen (Lk 24,36; Joh 20,19ff.). Das Evangelium Jesu Christi ist – auf einen Nenner gebracht – »die Heilsbotschaft vom Frieden« (Eph 6,15).

# Den Verlorenen nachgehen

*Es nahten sich ihm aber die Zöllner und die Sünder, um ihn zu hören. Und es nörgelten die Pharisäer und die Schriftgelehrten und sagten: Der da – er nimmt Sünder an und speist mit ihnen.*
*Er aber sprach zu ihnen dieses Gleichnis, sagte: Welcher Mensch unter euch, der hundert Schafe hat und dem eins davon verloren geht, lässt nicht neunundneunzig in der Ödnis zurück und geht dem verlorenen nach, bis er es findet. Und: Wenn er es gefunden hat, legt er es voll Freude über die Schulter. Und: Wenn er nach Hause kommt, ruft er die Freunde und die Nachbarn zusammen und sagt zu ihnen: Freut euch mit mir, denn gefunden habe ich mein Schaf – das verlorene. Ich sage euch: So wird mehr Freude im Himmel sein über einen einzigen Sünder, der umkehrt, als über neunundneunzig Gerechte, die die Umkehr nicht brauchen.*
*Oder: Welche Frau hat zehn Drachmen und zündet nicht, wenn sie eine Drachme verliert, ein Licht an, fegt das Haus und sucht sorgsam, bis sie findet. Und: Wenn sie gefunden, ruft sie die Freundinnen und Nachbarinnen zusammen und sagt: Freut euch mit mir, gefunden habe ich die Drachme – die verlorene. So, sage ich euch, entsteht Freude vor den Engeln Gottes über einen einzigen Sünder, der umkehrt.*
*Er aber sprach: Ein Mann hatte zwei Söhne. Und zum Vater sprach der jüngere von ihnen: Vater! Gib mir den mir zukommenden Teil des Vermögens. Und er machte ihnen auseinander, was er zum Leben hatte. Wenige Tage danach, als er alles beisammen hatte, reiste der jüngere Sohn in ein fernes Land. Und dort verschleuderte er sein Vermögen in heillosem Lebenswandel.*

*Nachdem er aber alles vergeudet hatte, kam eine schwere Hungersnot über jenes Land, und er begann zu darben. Und er ging und hängte sich an einen der Mitbürger jenes Landes. Und der schickte ihn auf seine Felder zum Schweinehüten. Und er gierte danach, sich den Bauch mit den Schoten zu stopfen, welche die Schweine fraßen – aber keiner gab sie ihm. Zu sich selbst gekommen, sprach er: Wie viele Taglöhner meines Vaters haben Brot in Hülle und Fülle – ich aber gehe hier vor Hunger zugrunde. Aufstehen will ich, zu meinem Vater gehen und ihm sagen: Vater! Ich habe gesündigt gegen den Himmel und vor dir. Ich bin nicht mehr wert, dein Sohn zu heißen. Stell mich einem deiner Tagelöhner gleich. Und er stand auf und ging zu seinem Vater. Als er noch weit entfernt war, sah ihn sein Vater. Und es ward ihm weh ums Herz. Und er lief und fiel ihm um den Hals und liebkoste ihn. Der Sohn sprach zu ihm: Vater! Ich habe gesündigt gegen den Himmel und vor dir. Ich bin nicht mehr wert, dein Sohn zu heißen. Der Vater aber sprach zu seinen Knechten: Schnell! Holt einen Talar heraus, den vornehmsten; den zieht ihm an. Steckt ihm einen Ring an die Hand und Schuhe an die Füße. Und bringt das Mastkalb; schlachtet es. Dann wollen wir essen und fröhlich sein. Denn dieser mein Sohn war tot und ist wieder aufgelebt; er war verloren und ist wieder gefunden. Und so begannen sie fröhlich zu sein.*
*Sein ältester Sohn aber war überfeld. Und als er kam, dem Haus sich nahte, hörte er Musik und Reigenlieder. Und er rief einen von den Burschen herbei und erkundigte sich, was das bedeute. Der sprach zu ihm: Dein Bruder ist da! Und dein Vater hat das Mastkalb geschlachtet, weil er ihn gesund zurückbekommen hat. Und er wurde zornig und wollte nicht hineinkommen. Sein Vater aber kam heraus und ermunterte ihn. Er ant-*

*Rembrandt van Rijn (1606–1669),*
*Heimkehr des verlorenen Sohnes*

*wortete dem Vater und sprach: Da! So viele Jahre mache ich dir den Knecht, und niemals habe ich eine Weisung von dir übertreten. Und du hast mir nie auch nur ein Böcklein geschenkt, damit ich mit meinen Freunden hätte fröhlich sein können. Als aber der da kam – dein Sohn, der, was du zum Leben hattest, mit Huren aufgefressen hat – hast du ihm das Mastkalb geschlachtet. Er aber sprach zu ihm: Kind, du bist allezeit bei mir, und all das Meine ist dein. Doch es gilt fröhlich zu sein und sich zu freuen, weil dieser, dein Bruder, tot war und wieder aufgelebt ist, verloren war und gefunden ist.*
(Lk 15,1–32)

Ein Teil der Sorge Gottes um den Menschen ist, dass er Verlorenen nachgeht. Dreimal erzählt Jesus von Personen, die etwas verloren haben: der Hirte ein Schaf, die Frau eine Drachme, der Vater seine beiden Söhne.

Typisch für alle drei ist, dass sie das Verlorene suchen. Und wenn sie es gefunden haben, ufert ihre Freude ins Fest aus. Verlorenes zu suchen, verlorenen Schafen nachzugehen, verlorenen entwurzelten Söhnen wieder eine Heimat zu geben, das ist die Bewegung.

Und alle drei Geschichten sind Gleichnisse für Gott, wie er zu den Menschen ist. Konkretisiert wird, was es heißt, dass Gott des »Menschleins« eingedenk ist (Psalm 8).

Viele tragen in sich das Bild eines Leistungsgottes. Sie ahnen in ihren Tiefen, dass sie nie jene Leistung erbringen können, die ihnen »ihr« Gott abverlangt. Nicht wenige macht solches Leistungsleben krank.

Nun geht es hier nicht um jene Leistung, die uns ein »Werk« hervorbringen lässt. Solche Leistung macht uns gottebenbildlich. In Ähnlichkeit zu Gott sind auch wir befugt, schöpferisch zu schaffen: letztlich ein Leben lang in freier schöpferischer Verantwortung uns selbst zu erschaffen.

Unser Wert vor Gott hängt aber von solcher Leistung nicht ab. Wir können, so die biblischen Erzählungen, als »Verlorene« vor Gott mit keiner Leistung aufwarten. Jesus zerstört also das Bild vom Leistungsgott. An dessen Stelle setzt er in Gleichnissen das Bild von einem Gott, der Verlorenen nachgeht.

Im Stadtteil Kreuzberg in Berlin, von den Einheimischen liebevoll Kiez genannt, ist eine Pfarrgemeinde. Die Mehrzahl der Menschen, die in diesem Viertel leben, gehören nicht zur gepflegten Mittelklasse. Viele sind Ausländer, andere Drogenabhängige. Die Verhältnisse gleichen nur selten unseren geordneten Vorstellungen einer guten Ehe.

Diese Pfarrgemeinde hatte sich unter der Leitung des biblisch begabten Pfarrers Klaus Kliesch darüber Gedanken gemacht, wofür sie stehen, welches ihr Markenzeichen ist. Mit biblischer Treffsicherheit haben sie formuliert: Wir sind als Pfarrgemeinde ein Gottesort, an dem jede und jeder sich sehen lassen kann, vor jeder Leistung und in aller Schuld.

Indem diese Gemeinde so handelt, verkündigt sie in ihrem Tun handfest jenen Gott, den Jesus bekannt gemacht hat.

# Mir sollte nicht leid sein

Das ganze Buch Jona ist ein Lehrstück für GottesPastoral. Jona heißt im Hebräischen Taube. Es ist das Kosewort für Israel. Thema der Geschichte: dass Gott sich um alle kümmert. Nicht zuletzt um die verruchte und verdorbene Stadt Ninive.

Dazu beruft er seinen Propheten Jona (genauer sein Volk). Er soll die Besorgnis Gottes um die Stadt, ihre Menschen und ihr Vieh, ausrichten. Um die Stadt zu retten, soll er von ihr Umkehr fordern. Die Stadt soll, will sie überleben, einen neuen Weg einschlagen.

Jona macht sich auf den Weg. Aber er geht nicht in die vom Unheil bedrohte Stadt. Nein, die Gegenrichtung schlägt er ein, gleichsam in den goldenen Westen nach Tarschisch. Er lehnt es aus seiner Menschensicht ab, dass es für die verkommene Stadt Rettung und Zukunft geben soll.

Außerhalb der Kirche kein Heil. Und noch weiter auf die Spitze getrieben: Christus hat sein Leben nicht für alle hingegeben, sondern nur für viele: also jene, die getauft sind und ein moralisch einwandfreies Leben führen. Immer wieder neigen Fromme dazu, das Heil von Gott für sich selbst zu monopolisieren und andere davon auszuschließen. Ein wenig scheint diese pastorale Strategie verständlich. Es werden einerseits ganz schwerwiegende Gründe geschaffen, sich taufen zu lassen und (zahlendes) Mitglied der eigenen Kirche zu werden. Andererseits schafft solches Denken den Mitgliedern das hehre Gefühl, zu den mehr oder weniger vielen Geretteten zu gehören. Eine solche göttliche Gratifikation lässt viele kirchliche Irritationen in Kauf nehmen. Der theologische Preis für solches Denken ist groß. Die unbegrenzte Sorge Gottes um jeden Menschen wird eingeengt. Das biblische Gottes-

*Jona wird vom Fisch ausgespuckt,*
*Stuttgarter Bilderpsalter, 9. Jh.*

bild wird damit verfälscht. Ein Bild, das offensichtlich auch unter Frommen in Israel verbreitet war.

So entwickelt sich die Geschichte von der Errettung Ninives unbemerkt zur Rehabilitierung Gottes vor Jona: also Israel. Auf seinem pastoralen Irrweg war er in Sturm geraten. Um zu überleben haben ihn die Seeleute ins Meer geworfen. Der Walfisch, der ihn verschluckte, hat ihn ans Land gespien. Da ergeht ein zweites Mal der Ruf Gottes an Jona: also Israel. Jetzt führt er den Auftrag aus, predigt der Stadt Umkehr. Und zu seinem Ärger kehrt sie auch wirklich um:

*Gott sah ihr Tun, daß sie umkehrten von ihrem bösen Weg, und leid wards Gott des Bösen, das ihnen zu tun er geredet hatte, und er tat es nicht.*
*Das erboste Jona, einer großen Erbosung, es entflammte ihn, er betete zu IHM, er sprach: Ach, DU! war*

*nicht dies meine Rede gewesen, als ich noch auf meinem Boden war? deswegen wollte ich zuvorkommen, nach Tarschisch zu flüchten! ich wußte ja, daß du eine gönnende und erbarmende Gottheit bist, langmütig, reich an Huld, und leid wirds dir des Bösgeschicks.* (Jona 3,10 – 4,2)

Ausgerechnet in seinem Ärger nennt Jona jene Eigenschaften, die Gott an so vielen Stellen des Alten Testaments verliehen werden[11]: gnädig, barmherzig, langmütig, reich an Huld – und dass seine Drohungen ihn reuen.

Diese Eigenheiten Gottes sind zugleich Prüfsteine für eine GottesPastoral, die diesen Namen verdient. Sie kennt zwar Drohungen, in denen jene Bedrohlichkeit benannt wird, die in einem todbringenden Lebensstil steckt. Es ist eine Bedrohlichkeit, welche später der 1. Petrusbrief »den von den Vätern überkommenen nutzlosen Lebenswandel« (1 Petr 1,18) benennt. Aber das Ziel all solcher Drohungen ist, dass sie nicht eintreten. In der modernen Futurologie würde man sie self-destroying-prophecies nennen: Vorhersagen, die sich selbst zerstören, indem sie gemacht werden.

Das heißt natürlich auch, dass eine GottesPastoral weit entfernt ist von modernistischer Gottesverlieblichung. Deren Ziel ist, dass Gott umstandslos zu unseren Wünschen passt. Oder anders: Dass wir aus einem unpassenden Gott einen uns passenden Gott machen. Seine Liebe gilt als grenzenlos: Gott hat deshalb alles recht zu sein, was wir leben, denken und tun. Er hat alles gutzuheißen. Lateinisch heißt das bene-dicere, segnen. Kirchen segnen daher auch munter alles, und zwar immer mehr, ohne genauer hinzuschauen: Banken – ohne nachzufragen, was mit dem Geld passiert, Seilbahnen – unabhängig von ihrem Sicherheitsgrad, Militärs – wohl wissend, dass diese einen Krieg entfesseln können, der nach heutigem ethi-

**11** Unter anderem in Ex 34,6 / Ps 86,15 / Ps 103,8 / Joël 2,12 / Jona 4,2 / Neh 9,17 / Ps 145,8 / Neh 9,31 / 2 Chr 30,9 / Ps 111,4 / Ps 112,4 / Dtn 4,31 / Num 14,18 / Neh 1,3 / Ps 86,5 / Sir 2,5 / Weish 15,11: – Vgl. Vanoni, Gottfried: »Du bist doch unser Vater« (Jes 63,16: zur Gottesvorstellung des Ersten Testaments), Stuttgarter Bibelstudien 159, Stuttgart 1995, 70f.

schen Standard nicht mehr »gerecht« sein kann. Wir segnen alle nur möglichen Lebensverhältnisse, Ehen, neuestens Scheidungen, Zweitehen – auch wenn immer noch unbewältigte Schuld einem verlassenen Partner das Leben vergällt. Wir segnen Autos, welche die Umwelt immer mehr belasten, kurzum, es gibt kaum noch etwas auf dieser Welt, was wir nicht im Namen Gottes gutheißen.

Gott ist nicht nur ein liebender Gott geworden, sondern ein gar lieber Gott, ein harmloser und immer mehr erübrigbarer Gott. Die Gottesverdrohlichung ist in ihr unproduktives Gegenteil gekippt, die Gottesverlieblichung.

Allerdings nur bei uns im satten Westen. Auf den Philippinen sah ich in der Hütte von zwei Mitgliedern einer verbotenen Landarbeitergewerkschaft (einer von ihnen war Priester) das Bild eines zornigen Jesus. Dieser sah aus wie Johannes der Täufer in der Wüste – ein wilder Mann.

Leidtragende unserer Gottesverlieblichung sind die vielen Opfer des Unrechts, kriegerischer und sexueller Männergewalt. Es sind jene, denen in gottgesegneten Wirtschaftssystemen Lebenschancen vorenthalten werden. Weil wir unterschiedslos segnen, heißen wir leichtfertig jenes Unrecht gut, das die Bibel himmelschreiende Sünde nennt. Ich verstehe, dass daher gerade die auf Gott Hoffenden in den Ländern der Unterdrückung (und das sind 80% der Menschheit) heute ihre Hoffnung nicht auf einen lieben Jesus setzen, der unterschiedslos alles liebt und gutheißt.

Die Jona-Belehrung findet den Weg hindurch zwischen der Skylla der Gottesverdrohlichung und der Charybdis der Gottesverlieblichung. Gerade angesichts des real drohenden Unheils, das aus der verkommenen Lebensweise der Stadt Ninive erwächst, erweist sich Gott als jener, der den Untergang der Stadt eben nicht will.

Für eine Lektion muss nun ein Strauch herhalten. Jona, der außerhalb der Stadt deren Untergang abwartet, sitzt unter einem Schatten spendenden Rizinusstrauch. Durch einen Wurm sorgt Gott für dessen rasches Verwelken. Jona ist nunmehr der brütenden Sonne voll ausgesetzt. Jetzt ist Jona gekränkt, dass der Schatten weg ist und ihm ein Sonnenstich droht.

Das Schicksal des Rizinusstrauchs spiegelt das Schicksal der Stadt wider. In beiden war der Wurm drinnen. Dieser hat den Untergang gebracht. Jona ist um den Strauch leid. Das reicht als Erfahrungsmaterial für die Lektion Gottes an Jona – sein Volk Israel:

*ER aber sprach: Dich also dauerts der Staude, um die du dich nicht gemüht hast, die du nicht hast großgezogen, die als Kind einer Nacht ward und als Kind einer Nacht schwand! Mich aber sollte nicht dauern Ninives, der großen Stadt, darin es mehr als zwölf Myriaden von Menschen gibt, die zwischen Rechts und Links nicht wissen zu unterscheiden, und Getiers die Menge?!*
(Jona 4,10–11)

Wenn unsere kirchliche Pastoral den Qualitätsnamen GottesPastoral verdienen soll, dann muss auch von ihr gelten: »gnädig, barmherzig, langmütig, reich an Huld – und dass seine Drohungen ihn reuen«.

# Gott als Arzt

*Christus als Apotheker (1747) in der alten Klosterapotheke des ehemaligen Wiener Ursulinenklosters*

*Und sprach: Willst hören du, hören auf SEINE, deines Gottes, Stimme und was gerad ist in seinen Augen tun, seinen Geboten lauschen und all seine Gesetze wahren: – will ich von aller Krankheit, die ich auf Ägypten legte, nichts auf dich legen. Denn ICH bin dein Arzt. (Ex 15,26)*

Auf ihrem gefährlichen Weg durch die Wüste Schur droht den Israeliten nach drei wasserlosen Tagen der Tod durch Verdursten. Da kommen sie zu einem Brunnen. Aber sie können das Wasser nicht trinken, weil es bitter war. Auf das Flehen des Mose zeigt Gott diesem ein Stück Holz, welches ins bittere Wasser geworfen bewirkt, dass die Israeliten es trinken konnten.

Bei diesem Anlass machte sich Gott als der Arzt seines Volks erkenntlich. Dabei zeigt er sich als höchst moderner Arzt, der auf Prävention setzt. Hören die Menschen auf Gottes Stimme, tun sie was gut ist in Gottes Augen, wenn sie sich an die Lebensweisungen der Gebote des Bergs Sinai halten, dann werden sie vor Krankheit gefeit sein: vor jenen Krankheiten, welche die unterdrückerischen Ägypter ins Unheil gestürzt haben.

## Denn ich bin dein Arzt

Im Zuge der Aufklärung sind die christlichen Kirchen in Europa unter einen starken Rechtfertigungsdruck geraten. Joseph II. beispielsweise, der die Kirche in Österreich in aufgeklärter Manier reformierte, beseitigte alles an der Kirche, was sich nicht unmittelbar als gesellschaftsnützlich erwies. Schon seine Mutter, Maria Theresia, hatte mit diesem Ziel die Pastoraltheologie als Universitätsdisziplin eingerichtet, dass ihre staatlichen Religionsdiener für den Dienst an der Glückseligkeit des Volkes besser vorbereitet werden.

Joseph II. ließ wegen solcher Reformideale all jene kirchlichen Vorgänge einstellen, die keinen gesellschaftlichen Nutzen brachten. Allen voran die beschaulichen Orden. Solche Klöster hielt er für einen erübrigbaren Luxus. Und je mehr sich die Aufklärung unwidersprochen in der Kultur verbreitete, umso mehr strengten sich auch die christlichen Kirchen selbst an, ihre gesellschaftliche Nützlichkeit zu erweisen. Ein Musterbeispiel ist das Ringen um die Aufgabe der Kirche im schulischen Unterricht.

Das Ergebnis dieser verständlichen Entwicklung: Der Akzent kirchlichen Lebens verlagerte sich von der Mystik zur Moral, vom Darstellen zum Herstellen. Aus einer Kirche, welche die Menschen lehren sollte, im Geheimnis Gottes zu wohnen, wurde die oberste Moralinstanz, die auch von Vertretern der modernen Gesellschaft anerkannt wurde. Dass dabei die Kirchen ihre Moral auch zunehmend dem aufgeklärten Standard anzupassen hatten, um kompatibel zu bleiben, versteht sich.

Heute wird diese Gleichsetzung von Kirche und Moral von immer mehr Menschen beklagt. Zeigt sich doch immer mehr, dass das Wissen um das, was gut ist, den Menschen noch nicht gut macht. Der alte Europäer Paulus behält Recht, und das just in jenem Text, den ein Kirchenreformer am Beginn der Neuzeit zu seinem Schlüsseltext erklärt hat: Martin Luther.

Paulus hatte begriffen, dass die Menschen nicht so unmoralisch sind, wie wir Katholiken sie manchmal gerne hätten:

*Denn: Was ich erwirke, begreife ich nicht. Nicht was ich will, mache ich nämlich, sondern was ich hasse, das tue ich. Wenn ich aber gerade das tue, was ich nicht will, so gestehe ich dem Gesetz zu, dass es recht ist. Dann aber bin ich nicht mehr am Werk, sondern die mir innewohnende Sünde. Ich weiß ja, es wohnt in*

*mir – das heißt in meinem Fleisch – nichts Gutes. Denn das Wollen ist mir zuhanden, das Erwirken des Rechten aber nicht. Denn: Nicht das Gute, das ich will, tue ich, sondern das Üble, das ich nicht will, das mache ich. Wenn ich aber gerade das tue, was ich selber nicht will, so erwirke nicht mehr ich das, sondern die mir innewohnende Sünde. Ich finde also dies Gesetz: Mir, der gewillt ist, das Rechte zu tun, mir ist das Üble zuhanden. Denn freudig stimme ich – dem inneren Menschen nach – dem Gesetz Gottes zu. In meinen Gliedern aber erblicke ich ein anderes Gesetz, das Krieg führt wider das Gesetz meiner Vernunft und mich zum Gefangenen macht im Gesetz der Sünde, das in meinen Gliedern ist. Ich unseliger Mensch! Wer wird mich diesem Todesleib entreißen? Die Gnade Gottes durch Jesus den Messias, unseren Herrn! So bin ich denn nun als ein und derselbe mit meiner Vernunft im Knechtsdienst des Gottesgesetzes, mit dem Fleisch aber in dem des Sündengesetzes.*
(Röm 7,15–25)

Neuere Studien bestätigen diese Erfahrungen des Apostels, die für die Rechtfertigungslehre fundamental geworden sind. Die Menschen moderner Gesellschaften möchten durchaus solidarisch sein. Sie wollen, dass ihre Kinder teilen lernen (vielleicht gerade deshalb, weil sie spüren, dass sie selbst es nicht zusammenbringen). Zugleich aber erstickt ihre Bereitschaft zum solidarischen Teilen in einem Dschungel von Ängsten. Besonders entsolidarisierend wirkt die Angst, in einem knappen Leben mit dem Wunsch nach optimal leidfreiem Glück zu kurz zu kommen.

Gegen die Angst ist aber der moralische Appell machtlos. Denn Angst lähmt. Zynisch aber ist es, einen Gelähmten aufzufordern, schneller zu laufen. Was er braucht, ist von seiner Lähmung geheilt zu werden. Was daher die Menschen brauchen, um sittlich gut zu handeln, ist nicht nur eine solide ethische Orientierung. Erforderlich ist auch die Heilung der Seele von ihrer tief sitzenden Daseinsangst.

Das ist der Grund, warum in den letzten Jahren viele sensible Theologen eine therapeutische Pastoral einfordern: Eugen Drewermann, Eugen Biser, um nur zwei wichtige Beispiele zu nennen. Es braucht nicht Moralprediger, sondern Heiler. Es braucht den Arzt.

Und da sagt Gott seinem Volk: Ich bin dein Arzt. Dein Heiland.

# Entkrümmen

*Er war dabei, in einer der Synagogen am Sabbat zu lehren. Und da! Eine Frau hatte einen krank machenden Geist – achtzehn Jahre schon. Und sie war zusammengebückt und vermochte sich nicht voll hochzubeugen. Als Jesus sie sah, rief er sie her und sprach zu ihr: Frau, du bist deine Krankheit los! Dann legte er ihr die Hände auf. Und sofort stellte sie sich aufrecht. Und sie verherrlichte Gott. Der Synagogenvorsteher aber, entrüstet darüber, dass Jesus am Sabbat heil gemacht hatte, sagte zu den Leuten: Sechs Tage sind zum Arbeiten da. Kommt also an diesen und lasst euch heilen, nicht am Sabbattag. Da hob der Herr an und sprach zu ihm: Ihr Blender! Macht nicht jeder von euch am Sabbattag seinen Ochsen oder Esel vom Futtertrog los und führt ihn zur Tränke? Aber diese, eine Tochter Abrahams, die der Satanas gefesselt hatte – da: achtzehn Jahre lang! – die sollte am Sabbattag nicht gelöst werden dürfen von ihrer Fessel? Und als er das sagte, wurden alle seine Widersacher zuschanden. Und alle Leute freuten sich über das Herrliche, das durch ihn geschah.*
*Er sagte nun: Wem ist das Königtum Gottes gleich – ja, womit soll ich es vergleichen? Gleich ist es einem Senfkorn, das ein Mensch nahm und in seinem Garten einsetzte. Und es wuchs und wurde zum Baum. Und die Vögel des Himmels nisteten in seinem Gezweig.*
(Lk 13,10–19)

Zwei Personen sind »gekrümmt«: die leidende Frau und der gesetzestreue Synagogenvorsteher. Die Frau konnte nicht mehr aufrecht gehen. Der Synogogenvorsteher hingegen konnte nicht aufrecht denken. Seine religiösen Überzeugungen haben ihn in den Augen Jesu verformt.

*Heilung der gekrümmten Frau,*
*Evangeliar Ottos III., Reichenau 10. Jh.*

Jesus heilt beide. Der Frau legt er seine heilenden Hände auf. Sie kann sich aufrichten. Das Haupt erheben. Für Gott ist der Mensch für den aufrechten Gang geschaffen. Mit allen Merkmalen, die aufrechten Menschen zukommen.

Das gilt für Jesus aber auch für die Religion, welche gerade den gebeugten Menschen ins heilende Kraftfeld Gottes bringt. In seinen Augen widerspricht es Gott, wenn Menschen im Namen der Religion gebeugt oder in Verkrümmungen im Namen Gottes festgehalten werden.

Wo Menschen entkrümmt werden, wo sie »aufatmen«[12] (Apg 3,20), »ihr Haupt erheben«[13] (Lk 21,28), kommt das Reich Gottes zum Vorschein.

**12** So die Einheitsübersetzung. Stier übersetzt mit »*Zeiten der Erquickung*«.
**13** Wiederum Einheitsübersetzung. Stier: »*Beginnt aber das zu geschehen, beugt euch hoch und hebt eure Köpfe! Denn es naht euer Loskauf!*«

# *Kirchen-Vision*

# Der Stern, der voranging

*Als nun Jesus zu Betlehem in Judäa, in den Tagen des Königs Herodes, geboren war – da! Sternkundige fanden sich aus Ländern des Aufgangs in Jerusalem ein und sagten: Wo ist der jüngst geborene König der Juden? Wir haben sein Gestirn im Aufgang gesichtet und sind gekommen, uns tief vor ihm zu verneigen. Als der König Herodes das hörte, geriet er durcheinander, und ganz Jerusalem mit ihm. Und er versammelte alle Hohenpriester und Schriftgelehrten des Volkes und erfragte von ihnen, wo der Messias geboren werde. Sie sagten ihm: Zu Betlehem in Judäa; denn so ist es geschrieben durch den Propheten:*

*Und du, Betlehem, Land Juda:*
*Mitnichten bist du die geringste*
*unter den Fürstschaften Judas!*
*Denn aus dir kommt ein Fürst,*
*der weiden wird mein Israel-Volk.*

*Danach rief Herodes die Sternkundigen insgeheim und erkundete von ihnen genau die Zeit, wann das Gestirn erschienen war. Dann schickte er sie nach Betlehem und sprach: Geht und forscht genau nach dem Kind! Sobald ihr es gefunden, berichtet mir, damit auch ich hingehe und mich vor ihm tief verneige. Sie hörten auf den König und brachen auf. Und da! Das Gestirn, das sie im Aufgang gesichtet: Voraus zog es ihnen, bis es hinkam und stillstand hoch über, wo das Kind war. Als sie das Gestirn sahen, freuten sie sich – groß, gar groß war ihre Freude. Und sie traten in das Haus und sahen das Kind bei Maria, seiner Mutter. Und sie warfen sich nieder und verneigten sich tief vor ihm. Dann öffneten sie ihre Schatztruhen und brachten*

*Dreikönigsfenster, Erfurter Dom, um 1370*

*ihm Gaben dar: Gold und Weihrauch und Myrrhe. Und gewiesen im Traum, nicht zu Herodes umzukehren, entwichen sie auf anderem Weg in ihr Land.*
(Mt 2,1–12)

## Geleitet von Visionen

Es sind Weise, die suchen. Das Suchen und Fragen macht ihre Weisheit aus. Dazu gehört auch, dass sie Zeichen deuten können. Jesus hält das für eine wichtige Fähigkeit, die »Zeichen der Zeit« zu deuten. Johannes XXIII. und das Zweite Vatikanische Konzil sind ihm darin gefolgt.

Die Weisen fragen und suchen aber nicht nur. Auch das Deuten, das Interpretieren reicht ihnen nicht aus. Sie sind keine Schreibtischweisen, sondern Lebensweise. Das Deuten hat für sie nur den Sinn, dass sie sich auf den Weg machen. Sie gehen auf Fahrt. Wer nicht auf Fahrt geht, wird nicht erfahren.

Auf dieser Reise wird für sie ein Stern wichtig. Er führt sie auf ihrem Weg. Als sie sich auf ihr gewohntes Wissen verlassen, ziehen sie an den Hof des mächtigen Königs. Er selbst hat keine Antwort. In Sachen der Weisheit sind die Mächtigen oftmals ratlos. Aber immerhin holt er seine Schriftkundigen herbei. Diese weisen die Weisen weiter.

Und wieder sehen sie den Stern, der sie ans Ziel führt.

Wir brauchen also einen Stern, der uns führt. Genauer: Durch einen Stern am Himmel führt uns Gott. Dieser lässt uns den Weg sehen. Sehen heißt im Lateinischen »videre«. Davon leitet sich das Wort »Vision« her. Bei unserer Suche hilft uns eine Vision.

## Die Kraft von Visionen

Berater von Organisationen legen heute großen Wert darauf, dass die Vision klar ist bzw. geklärt wird. Die Lebenskraft einer Organisation entspringt, so sagen sie, der Kraft der ihr innewohnenden Vision.[14] Die Organisation wird aus der Vision geboren. Um sie herum sammeln sich Menschen, die eine Visionsgemeinschaft bilden.

Umgekehrt: Verliert die Vision ihre Kraft, dann altert die Organisation. Sie feiert dann Jubiläen und erinnert sich dabei ihrer alten Kraft. Mit dem Verlust der Vision betritt die Organisation den Weg in den durchaus möglichen Tod – Organisationen sind sterblich, auch Pfarrgemeinden, Orden, ganze Kirchengebiete, wie jenes in Kleinasien oder Nordafrika.

Es gibt aber auch die Möglichkeit, die Lebenskraft der Organisation zu erneuern, indem die Kraft der Vision erneuert wird.

Visionen sind wichtig auf jedem Weg: auf dem eigenen Lebensweg, dem Weg einer Freundschaft, auf dem Weg einer Partnerschaft, einer Ehe. Ebenso unverzichtbar sind sie aber auf dem Weg von Gemeinschaften, von Organisationen.

## Orientieren

Die Vision orientiert. Sie zeigt den Weg. Sie ist »der Stern, der vorangeht«. Ohne diesen Stern, ohne ein klares Ziel, geschieht zwar viel, wird viel gearbeitet, aber man kommt nicht an. Vielleicht ist das der Grund mancher kirchlicher Überaktivität, dass man letztlich nicht weiß, worauf hin gearbeitet wird.

In deftiger Sprache hat es ein niederbayerischer Pfarrgemeinderat so formuliert: »Dauernd sitzen wir, und

**14** Saarinen, Martin F.: The Life Sycle of a Congregation, New York 1968. – Mehr dazu in: Zulehner, Paul M./Gönner, Hannes/Schweighofer, Johannes: Pfarranalyse. Anstoß zur Pfarrgemeinde-Entwicklung, AfkSDossier 15, Wien 1997, 35–40.

nichts kommt heraus.« Psychotherapeutisch heißt die Diagnose: »anale Störung eines Gremiums«. Oder in der Formulierung der Spätsechzigerjahre: »Solange wir nicht wissen, wo wir hin wollen, sind wir immer auf dem richtigen Weg!« Und noch früher hat Helmut Qualtinger, unsterblicher Kabarettist aus Wien, über einen Moped fahrenden Jugendlichen in unnachahmlichem Wienerisch getextet: »I waas zwoa net, wo i jetzt hinfoa, oba dafia bin i früha durt!«

Zudem: Wer nicht alles machen kann, braucht eine Entscheidungshilfe dafür, was wichtig und was weniger wichtig ist. Auch hierbei hilft eine klare Vision. Dabei wird die Vision zu einem Leitbild ausformuliert und in Teilziele konkretisiert.

Als die Weisen den Stern aus dem Auge verlieren, kommen sie vom Weg ab und landen nicht beim Kind in der Krippe zu Betlehem, sondern beim Machthaber in Jerusalem. Als sie den Stern aber wieder sahen, »wurden sie von sehr großer Freude erfüllt«. Es ist ein gutes Gefühl zu wissen, dass der Weg stimmt. Das ist gerade in Organisationen der Fall, wo es vorhersehbar nur wenig messbare Erfolge gibt. Hier kommt es darauf an, zu wissen, dass die Richtung stimmt und wir unsere begrenzten Kräfte richtig einsetzen. Oder in der Computersprache: Es kommt dann auf den input an, nicht auf den output.

## Motivieren

Visionen orientieren nicht nur, sie motivieren auch. Motivieren kommt vom Lateinischen movere, das heißt übersetzt »bewegen«, »in Bewegung setzen«.

Visionen sind anziehend, attraktiv. Sie verlocken zum Handeln. Das Schauen (die Theorie) der Vision führt zum Tun (zur Praxis).

Von Antoine de Saint-Exupéry stammt der Satz: »Willst du, dass Leute ein Schiff bauen, dann gib ihnen nicht Baupläne und Baumaterial, sondern wecke in ihnen die Sehnsucht nach dem weiten Meer.«

Wenn Visionen motivieren, dann wird aus der Vision eine Mission. Missionarisch zu fühlen und zu handeln ist den christlichen Kirchen hierzulande seit dem Zweiten Vatikanischen Konzil abhanden gekommen. Der die Kirche weit machende allgemeine Heilsoptimismus hat die Rolle der Kirche beim Heilsweg Gottes mit den Menschen verdunkelt. Wir meinten, es müsse genügen, wenn der Atheist ein guter Atheist, der Buddhist ein guter Buddhist, der Hinduist ein guter Hinduist und der Katholik ein guter Katholik wird. Mehr sei dann nicht zu tun. Die alten Vorstellungen, dass es außerhalb der Kirche kein Heil gebe, wurden verabschiedet, ersatzlos.

Fragt dann das Institut für Demoskopie in Allensbach die Deutschen, ob sie in den letzten Jahren jemand in Sachen des Glaubens angeredet hat, dann finden sich nur wenige, die das erlebt haben. Wird nachgefragt, wer sie angeredet hat, dann werden nur die Zeugen Jehovas genannt – nicht die Katholiken, nicht die Protestanten, weiblich und männlich. Es gebe, so Renate Köcher von Allensbach, eine Art unmissionarischer »Schweigespirale«. Der Glaube wurde völlig privatisiert und verinnerlicht. Er kommt in der gesellschaftlichen Kommunikation nicht mehr vor.

Wir werden wieder entdecken müssen, wozu Gott selbst seine Kirche braucht, um sein Reich schon jetzt in Geschichte und Gesellschaft spurenhaft zu weiten. Ein neues Verständnis von Mission gilt es zu entwerfen. Es ist einfach – auch pastoraltheologisch – zu bequem, sich lediglich um das Reich Gottes und sein Kommen zu kümmern, ohne die Rolle der Kirche bei seinem Kommen zu bedenken. Wer das macht, verlässt die Spur der biblischen

Tradition und veröffentlicht darin bestenfalls sein Nichtverhältnis zur realen Kirche. Auf den folgenden Seiten sollte es gelingen, aufzudecken, welche Rolle der Kirche von Gott zu Gunsten des Heils aller Menschen zugedacht ist und zugemutet wird.

## Kritisieren

Visionen bergen freilich auch eine kritische Kraft in sich. Sie lassen erkennen, ob ich auf dem Weg oder auf einem Abweg oder Irrweg bin. Visionen stören deshalb vor allem das Eingespielte, das Etablierte, das Gewohnte. Sie stören auch jene, die in einer Organisation das Sagen haben. Zumeist waren diese »Störenfriede« (welche die faule Alltagszufriedenheit störten) die Propheten, die im Namen Gottes gegen die Könige und die Priester in einem auftreten mussten. Das ganze Buch Amos erzählt von diesem Konflikt.

Der österreichische Altkanzler Franz Vranitzky soll einmal, an politische Visionen erinnert, unwirsch gesagt haben: Wer Visionen hat, braucht einen Psychiater. Vielleicht war seine pragmatische Politik deshalb eben so, wie sie war – visionsarm.

Ein Volk ohne Visionen aber geht zugrunde, so Dorothee Sölle[15] angelehnt an Spr 29,18: »Ohne prophetische Worte verwildert das Volk.« Deshalb klagt auch das Buch Samuel:

*Der Knabe aber, Schmuel, war beamtet bei IHM vor Elis Antlitz. In jenen Tagen war Anrede von IHM kostbar geworden, keine Schauung brach durch. Es geschah an jenem Tag, an seinem Ort lag Eli – seine Augen hatten begonnen sich zu trüben, er konnte nicht sehn.*
(1 Sam 3,1–2)



**15** Sölle, Dorothee: Ein Volk ohne Visionen geht zugrunde, Wuppertal 1986.

Von biblisch verbürgten Kirchenvisionen wird im Folgenden erzählt: Visionen für das eigene gläubige Leben, Visionen für das Leben und Tun gläubiger kirchlicher Gemeinschaften und Gemeinden.

# Orpheus und Eurydike

Orpheus, der liebende Spielmann, verliert durch tückisches Geschick Eurydike, die er liebt.[16] Seine Liebe, die stärker ist als der Tod, lässt ihn nicht ruhen. Er steigt hinab in die Unterwelt, überschreitet den Todesfluss Styx, an seinen Wächtern Karon und Zerberus vorbei, und findet das Schattenwesen Eurydike. Die Götter, beeindruckt von seiner Liebe, lassen ihn Eurydike mitnehmen. Allerdings machen sie eine Auflage: Auf dem langen Weg zurück in das Land des Lebens dürfe er sich nicht umsehen. Aber je länger der Weg dauert, umso stärker werden seine Zweifel, ob ihm das lautlose Schattenwesen Eurydike wirklich folgt. Er sieht sich um und verliert so Eurydike für immer.[17] Der alte griechische Mythos ist eine Erzählung von einer Liebe, die stärker sein will als der Tod. Aber sie scheitert. Im Rahmen der Anstrengungen des Menschen bleibt der Tod stärker als die Liebe.

Anders beim wahren Orpheus, Christus, so der Kirchenvater Clemens um 200 im oberägyptischen Alexandrien. Auch er liebt Eurydike, die Menschheit.[18] Auch diese gerät in den Herrschaftsbereich des Todes. Und so steigt auch der Christus-Orpheus, getrieben von seiner Liebe zu Eurydike, »hinab in das Reich des Todes« (so bekennen wir bis heute im Credo). Und ohne umzuschauen geht er seinen Weg der Erlösung und führt Eurydike, seine geliebte Menschheit, zurück in den Bereich des Lebens. Getragen von der Kraft Gottes erweist sich die Liebe stärker als der Tod.

All dies vermag der Christus-Orpheus mit dem Spiel auf seiner Lyra. Sie ist das Instrument der Befreiung Eurydikes aus den vielfältigen Toden. Eben das, so Clemens in

**16** Zulehner, Paul M.: »Ein Lied des Lachens, der Hoffnung und der Auferstehung«: Kirche für moderne ZeitgenossInnen, in: Lebendiges Zeugnis 56 (2001) 34–41.
**17** Bild: Aus den Katakomben des Marcellus und des Petrus.
**18** Zerfaß, Rolf: Ein Lied vom Leben. Orpheus und das Evangelium, in: Miteinander sprechen und handeln. Festschrift für Hellmut Geissner, hg. v. Edith Slembek, Frankfurt 1986, 343–350.

*Orpheus und Eurydike: Katakomben des Marcellus und des Petrus*

einer faszinierenden Vision, ist die Kirche: das Instrument in der Hand des Christus-Orpheus, auf der für Eurydike, so Clemens wörtlich, »das Lied des Lachens, der Hoffnung und der Auferstehung erklingt«.

Wie nahe an dieser am Mythos angelehnten Kirchenvision ist doch die Kirchenvision des Zweiten Vatikanischen Konzils: »Die Kirche ist in Jesus Christus gleichsam das Sakrament, als das Zeichen und Werkzeug (»Instrument«) der innigsten Vereinigung der Menschen mit Gott und der Menschen untereinander.«

Welches Lied lässt nun – so die einfache pastoraltheologische Frage – Christus zu Gunsten der Menschen heute auf der Lyra seiner Kirche erklingen? Diese Frage kann präzisiert werden: Welches sind heute die kleinen und großen Tode, die die Eurydike-Menschheit erleidet und in denen kleine und große Sehnsüchte nach dem Leben sichtbar werden? Welches sind also, so haben Lateinamerikas Bischöfe in ihrem Dokument über »Jugend, Kirche und Veränderung« gefragt, die Lebens- und Todeszeichen heutiger Kulturen? Und welches Lied des Lachens und der Hoffnung lässt die Kirche Christi für die Menschen in diesen Kulturen erklingen? Damit sind die zwei Schritte der folgenden Überlegungen abgesteckt:

- In einem ersten Schritt gehe ich der Frage nach, wie es um Eurydike, die Menschen, heute bestellt ist; eine Kulturdiagnose ist anzustellen.
- Im zweiten Schritt wird vom »Lied des Lachens, der Hoffnung und der Auferstehung« zu Gunsten der Menschen die Rede sein: also von den Herausforderungen, vor die die Menschen die Kirche heute stellen. Was dabei geschieht, nennt Johannes Paul II. Evangelisierung mit neuer Qualität (1985).

## Eurydike heute

Die Kulturdiagnose kann im gegebenen Rahmen nur holzschnittartig ausfallen. Ich konzentriere mich auf zwei Aspekte, die in den Jahren, die vor uns liegen, eine wachsende Rolle spielen werden: Solidarität und Spiritualität. Die Entwicklung der Menschheit ist mit diesen beiden Themen verknüpft. Von ihnen hängt es ab, ob es geben kann eine Zukunft, geprägt von (mehr) Gerechtigkeit und daher Frieden und Freiheit.

### *Solidarität*

»Selbst in reichen Gesellschaften kann morgen jeder von uns überflüssig werden. Wohin mit ihm?«[19] Hans Magnus Enzensberger vermutet in dieser Aussage nicht unbegründet, dass es jede und jeden von uns treffen kann, irgendwann in seinem Leben zu den »Überflüssigen« zu gehören, damit aber in eine Selektionsdynamik zu gera-



**19** Enzensberger, Hans Magnus: Die Große Wanderung: 33 Markierungen; mit einer Fußnote »Über einige Besonderheiten bei der Menschenjagd«, Frankfurt $^{4}$1992.

ten. Solche Selektion durch Überflüssigwerden kann in dreifacher Weise geschehen:

- als soziale Selektion: wer nicht arbeitet (Erwerbsarbeit) und sich so selbst erhält, wer nicht mitkaufen kann und wer nicht mitlebt; wer nicht genug weiß;
- als genetische Selektion: wer schlechte Gene hat – und damit jetzt oder später einmal der finanziell überlasteten Gesellschaft zu teuer kommt;
- als anthropologische Selektion: Diese steht letztlich dahinter und spitzt sich zu in der Frage: Wer hat (finanzierungswürdiges) lebenswertes Leben? Wessen Würde ist unantastbar?

### *Spiritualität*

Wir leben heute länger, aber insgesamt kürzer. Denn früher lebten die Leute dreißig plus ewig und heute nur noch neunzig. Diese Beobachtung macht deutlich, was die deutsche Pädagogin und Soziologin Marianne Gronemeyer unter »Leben als letzte Gelegenheit«[20] versteht. Die Menschen rechnen faktisch mit dieser irdischen Lebenszeit. Und in dieser wollen sie das optimal leidfreie Glück. Alles und zwar subito, so die jugendliche Kurzfassung.

Solches Streben nach dem maßlosen Glück in mäßiger Zeit entwickelt eine eigene Dynamik. Es erweist sich zunächst als schnell. Denn Zeit ist knapp für das Maßlose. Wie spürbar diese Schnelligkeit ist, zeigen die gut gemeinten Ratschläge zur Langsamkeit und zur Entschleunigung. Was hastig ist, kann leicht zur Überforderung werden: Wir arbeiten uns dann zu Tode, amüsieren uns zu Tode, und auch die Liebe stirbt an permanenter (letztlich religiöser) Überforderung.

Vor allem breitet sich die Angst aus, beim Streben nach dem maßlosen Glück in mäßiger Zeit zu kurz zu kommen. Das führt dazu, dass wir füreinander immer weniger

**20** Gronemeyer, Marianne: Leben als letzte Gelegenheit. Zeitknappheit und Sicherheitsbedürfnisse, Darmstadt 1993.

»übrig« (Lebenskraft) haben. Solche Angst entsolidarisiert.

Menschen »reagieren« auf solche kulturelle Grundstimmungen unterschiedlich. Die einen versuchen sich zu entziehen, sie flüchten, andere hingegen proben den Aufstand. Flucht und Widerstand finden statt.

Die Flucht (das Escape) hat viele Gesichter. Vielen geht es nur um fun und events. Andere führt die Flucht vor den abendlichen Fernsehkonsum, in die Bewusstseinsabdämpfung durch Alkohol, entführt in das chemisch erzeugte Paradies der Drogen. Die wachsende Unerträglichkeit des überfordernden Alltags lässt auch (kriminell) zusammenschlagen, was viel verspricht und wenig hält: Die Kriminalität von Jugendlichen, denen die Gesellschaft faktisch sagt »Du hast keine Chance, also nütze sie«, gerät in ein neues Licht. Die eleganteste und am meisten honorierte Form des Escape ist die psychosomatische Krankheit: Sie erlaubt den Rückzug und schenkt zudem Mitleid und Zuwendung. Andere gehen in die Alternativwelt von Sekten, die nicht nur aus religiösen Gründen moderne Zeitgenossen immer mehr anziehen. Und schließlich ist da die Flucht ohne Wiederkehr, der Selbstmord. Wo die Welt unerträglich eng wird, entwickelt sich der Wunsch, dieser Enge zu entrinnen. Enge und Angst werden aber als präsuizidales Syndrom (Erwin Ringel) erkannt. Hat unsere Kultur (wegen ihrer Enge der neunzig Lebensjahre und dem Diktat des maßlosen Glücks) präsuizidale Züge?

Andere flüchten nicht, sondern versuchen den Aufstand. Eine der wichtigsten Formen solchen Aufbegehrens ist der seit der Mitte der Neunzigerjahre diagnostizierte Megatrend der Respiritualisierung gerade von modernen und städtischen Kulturen.[21] Ein altes Axiom kehrt sich um. Meinte man früher »je moderner, desto säkularer«, so kann man heute formulieren »je säkularer, desto spiritualitätsproduktiver«.[22]

**21** Horx, Matthias: Megatrends der späten neunziger Jahre, Düsseldorf 1995. – Zulehner, Paul M./Hager, Isa/Polak, Regina: Kehrt die Religion wieder? Religion im Leben der Menschen 1970–2000, Ostfildern 2001.
**22** Berger, Peter u. a.: Desecularization of the World. Resurgent Religion and World Politics, Washington 1999.

Eine religiöse Suche mit neuer Qualität geht durch das Land. Diese religiöse Suche mit neuer Qualität trägt die Züge der Kultur an sich. Sie ist höchst vielfältig. Kennt viele Variationen. Aber es lassen sich auch gemeinsame Züge erkennen und in diesen die Hoffnung, die diese spirituelle Entwicklung tragen: die Suche nach dem verlorenen Ich, also der Exodus ins Ego;[23] der Traum heil und gesund zu sein; die Suche nach dem Ausbruch aus dem solistischen Individualismus zumindest in ein Gefühl tiefer Verwobenheit von allem in der Schöpfung; eine Suche nach dem Heiligen, der Versuch, die Enge zu sprengen, über den Tod hinauszuschauen und hinauszuhoffen. An den alten christlichen Kirchen in unserem Land geht solches Suchen zum Teil noch vorbei. Sie sind mit anderen Themen und liegengebliebenen Modernisierungsproblemen beschäftigt, mit dem Zölibat, der Homosexualität, der Mitbestimmung, mit der Organisation des Kirchenvolks. Zwar sind das alles zweitwichtige Fragen. Zugleich erklärt aber diese rast- und ratlose Selbstbeschäftigung mit, warum die Sehnsucht boomt, aber die Kirchen schrumpfen.[24]

## Das Lied

Die Kirchen aber sollten sein die Lyra in der Hand des Christus-Orpheus, damit der Eurydike heute ein Lied des Lachens, der Hoffnung und der Auferweckung erklinge. Das verlangt nach einer tief greifenden Reform der Kirche. Das Instrument muss neu gestimmt werden, die Saiten müssen zum Klingen kommen: durch jenes Plättchen (»Plektron«), in dem Clemens von Alexandrien den Heiligen Geist sah. Gottes Geist wird sich seine Kirche neu schaffen. Dabei wird sie zwei Bewegungen mitmachen, die nur auf den ersten Blick in verschiedene Richtungen weisen, welche die innere Spannung im Leben der Kirchen

**23** Weis, Hans-Willi: Exodus ins Ego. Therapie und Spiritualität im Selbstverwirklichungsmilieu, Zürich 1998.
**24** Nenning, Günther: Gott ist verrückt, Düsseldorf 1997.

erhöhen wird: Sie werden gottnäher und zugleich menschennäher werden. Damit werden sie für Eurydike inmitten der zweifachen Herausforderung von Solidarität und Spiritualität ein angemessenes Lied erklingen lassen.

### *Gottnahe Kirche*

Die in vielen Kirchen (vielleicht unterschiedlich) gegenwärtige Kirche Jesu Christi wird sich als eine der ersten Adressen für jene Zeitgenossen erweisen, die sich auf eine religiöse Suche mit neuer Qualität gemacht haben. Für solche Suchende braucht es einerseits Kurzzeitbegegnungen in großer Freiheit, es braucht andererseits Lebensorte mit einer beträchtlichen Verbindlichkeit – also Orte und nicht nur Worte.

In diesen kurzzeitigen oder stabilen Begegnungen ereignen sich vor allem Gotteserfahrungen aus erster Hand. Nicht die Rede über Gott wird im Mittelpunkt stehen, sondern das Eintauchen in das Geheimnis Gottes selbst. In den Kirchen wird man wieder lernen, GeheimnisbewohnerIn zu werden: im Geheimnis (Gottes) da-Heim zu sein.[25] Eine solche Kirche wird sich mit Recht mystagogisch nennen. Dazu braucht es Rituale, die wie Fahrzeuge dieser Gotteserfahrung sind. Erforderlich sind Liturgien, die nicht zum (klerikalen oder laikalen: da ist kein Unterschied) Wortdurchfall[26] verkommen. Es braucht Personen, die des Heiligen kundig sind, Gottesfrauen und Gottesmänner und nicht nur Kirchenbeamte.

Solche kirchliche Lebensräume werden sich – in der Nachfolge ihres Heilands – als Heil-Land erweisen. Nicht eine Ethik für Geängstige wird im Mittelpunkt stehen, sondern die Heilung von der tief sitzenden Angst, welche als unerkannte Erbschuld eine solidarische Ethik verhindert.

Schließlich werden solche Lebensorte auch Menschen in einer neuen und tiefen Weise vernetzen. Weil nur ein Gott ist, so die Erfahrung, wird jede und jeder eine, einer

**25** Zulehner, Paul M.: Für KirchenliebhaberInnen. Und solche, die es werden wollen, Ostfildern ³2000. – Zulehner, Paul M.: Kirchenenttäuschungen. Ein Plädoyer für Freiheit, Solidarität und einen offenen Himmel, Wien 1997.

**26** Zulehner, Paul M.: Wie Musik zur Trauer ist eine Rede zur falschen Zeit (Sir 22,6). Wider den kirchlichen Wortdurchfall, Ostfildern ²1998.

von uns. Es gibt dann keine Teilung der Welt in eine erste, dritte oder vierte Welt. Es gibt auch keine Fremden, die aus unserer Solidarität entlassen werden können. Menschen erleben wieder etwas von der tiefen Verwobenheit und Einheit aller, davon, dass wir in Sachen Unheil und auch Heil in einem Boot sitzen: über alle Grenzen von Rassen, Geschlecht, Religion hinweg.

Es gilt hier nicht mehr die soziale Zerrissenheit. Menschheitsalte Diskriminierungen sind überwunden, die rassistische, die kapitalistische, die sexistische, denn:

*Da gibt es keinen Juden noch Griechen, da gibt es keinen Sklaven noch Freien, da gibt es kein Männliches und Weibliches. Denn alle seid ihr Einer – im Messias Jesus.*
(Gal 3,28)

### Menschennahe Kirche

Eine solche »Mystik« kann – wie alles, was gut ist – in ihr Gegenteil kippen: in religiös überhöhte Ichangst, in eine unsolidarische Frömmigkeit, in eine skurille Selbstvergottung. Wenn sie aber den Menschen in den wahren Gott hineinführt, dann führt sie nicht vom Menschen weg, sondern gerade vor diesen hin. Der letzte Grund: Weil Gott selbst einer von uns geworden ist in Jesus von Nazaret und unentwegt in uns geboren werden will.

Wer also in Gott eintaucht, taucht unweigerlich neben Menschen auf: und hier unter den Armgemachten. Wer gottnah ist, wird leidempfindsam. Eine gottvergessene Kultur hingegen kann leicht leidunempfindlich werden. Als Leid wird insbesondere alles wahrgenommen, was gegen Würde und Gerechtigkeit ist, Leben nicht aufkommen, sondern umkommen lässt. Es sind auch heute jene »Sünden, die zum Himmel schreien«: Unterdrückung und Ausgrenzung. Betroffen sind Völker, ethische Gruppen,

Frauen, Erwerbslose, Überflüssige … Christen lernen auf dem Boden kirchlicher Netzwerke, die Augen aufzumachen, aufmerksam wahrzunehmen. Typisch für sie ist das Hinschauen, nicht das Wegschauen. Sie werden lernen, Stellung zu beziehen. Auch wenn sie Unrecht nicht immer beseitigen können, werden sie erkennen, auf welcher Seite sie stehen. Und sie werden sich politisch einmischen: um Schritte zu einer gerechteren Welt zu gehen. Eine Christin, die nicht dient, dient zu nichts. Ein Christ, der nicht dient, dient zu nichts. Eine Kirche, die nicht dient, dient zu nichts.[27]

Mystik *und* Politik[28] wachsen auf diesem Weg zusammen. Gottes- *und* Nächstenliebe erweisen sich tatsächlich nicht nur als die größten zwei, sondern auch als voneinander nicht trennbare Gebote.

Ist einmal klar, dass die Kirche in der Hand des Christus-Orpheus zu Gunsten der zeitgenössischen Eurydike dieses mystisch-politische Lied der Gottes- und Nächstenliebe zu spielen hat, kann auch über die personelle und strukturelle Seite der Kirchenreform nachgedacht werden. Kirchen werden nämlich eine hervorragende Personalentwicklung brauchen – für Ehrenamtliche ebenso wie für Hauptamtliche. Zudem braucht es hochflexible Strukturen, die morgen anders aussehen werden, als wir es weithin gewohnt sind: flexibler, bunter, anders in den Städten, anders auf dem Land, anders in den verschiedenen Regionen der einsbleibenden Weltkirche. Auch die katholische Weltkirche, die inmitten einer sich globalisierenden Welt in ihrer Universalität eine hochmoderne Stärke hat, braucht ein kluges Localizing, um ihre Menschennähe zu mehren, statt zu verlieren. Die Gefahr, dass die Universalität aus Angst in eine zentralistisch gesteuerte Uniformität verkommt, kann sich nur allzu leicht entwickeln.

**27** Gaillot, Jacques: Eine Kirche, die nicht dient, dient zu nichts, Freiburg 1991.

**28** Dieses Begriffspaar kehrt in vielfältigen Variationen und bei herausragenden theologischen AutorInnen, aber auch in Kirchentexten wieder: So bei Johann B. Metz, Dorothee Sölle, im Jugenddokument der Rottenburger Synode 1985/86, in Taizé als Kontemplation und Aktion, als ora et labora in der benediktinischen Tradition. Sie sind alle Variationen des Doppelgebots der Gottes- und der Nächstenliebe, wobei sie vor allem das verbindende Und/et betonen.

***Gott und den Menschen nah***

*Und einer der Schriftgelehrten, der hinzugekommen war, ihr Streitgespräch gehört hatte und sah, wie treffend er ihnen antwortete, fragte ihn: Welche Weisung ist die allererste? Da antwortete Jesus: Die erste ist: Höre Israel, der Herr, unser Gott, ist einziger Herr. Und: Liebe den Herrn, deinen Gott, aus deinem ganzen Herzen und aus deinem ganzen Leben, aus deinem ganzen Sinnen und aus deiner ganzen Stärke! Eine zweite ist diese: Liebe deinen Nächsten wie dich selbst! Größer als diese ist keine andere Weisung. Und es sprach der Schriftgelehrte zu ihm: Richtig, Lehrer! Der Wahrheit gemäß hast du gesprochen. Einziger ist er, und einen anderen außer ihm gibt es nicht. Und: Ihn lieben aus dem ganzen Herzen, aus dem ganzen Verstand und aus der ganzen Stärke. Und: Den Nächsten lieben wie dich selbst – weit überwiegt das alle Vollbrandopfer und Opfermahle. Als Jesus sah, dass er verständig antwortete, sprach er zu ihm: Nicht weit bist du vom Königtum Gottes. Da wagte niemand mehr, ihn zu befragen.*
(Mk 12,28–34)

Ein frommer Moslem kann mit den Fingern einer Hand aufzählen, worum es bei seinem Glauben geht:

- Bekenntnis Schahada: »Es ist kein Gott außer Gott und Muhammad ist der Gesandte Gottes.«
- Gebet (Salat): Fünfmal täglich (Ritualgebet)
- Fasten (Saum): Fastenmonat Ramadan
- Almosen (Zakat): Steuer für die Armen
- Wallfahrt (Hadschdsch): Mindestens einmal im Leben ein Vertreter der Familie

Dem gegenüber erscheint auf den ersten Blick das christliche Leben überaus kompliziert. Die Lehren sind ebenso in letzte Feinheiten verästelt. Der Katechismus der Weltkirche ist hunderte Seiten dick. Ein ähnlich umfangreicher Moralkatechismus ist in Vorbereitung.

Dennoch: Geht man dem Christentum auf den Grund, dann vereinfacht es sich. Jesus verdichtet seine Botschaft in zwei Hauptgebote: Gott zu lieben und den Nächsten. Gottes- und Nächstenliebe machen das Kernstück des Christentums aus. Dabei kommt es auf das »und« zwischen Gottes- und Nächstenliebe an.

Das gilt für den einzelnen gläubigen Menschen ebenso wie für christliche Gemeinschaften.

## Eucharistie

Die Kirche wird es aus eigener Kraft kaum schaffen, all diese Herausforderungen zu meistern. Das braucht sie auch nicht. Dabei ist es ja noch leicht zu sagen, dass es nicht darum gehen kann, einen Untergang zu verwalten, sondern darum, einen Übergang zu gestalten. Aber die theologisch richtige Frage heißt ja letztlich nicht, wie es mit der Kirche weitergeht, sondern wie Er mit seiner Kirche weitergeht: Jesus als der auferstandene Herr seiner Kirche.

Aus diesem Wissen heraus betonen die christlichen Kirchen, dass die eucharistische Abendmahlsfeier mit dem doppelt gedeckten Tisch des Sakraments und des Worts nicht nur Quelle und Höhepunkt ihres Lebens ist, sondern auch die Quelle jeglicher Kirchenreform. Die Inszenierung einer Eucharistiefeier demonstriert dies:

Da werden Gaben zum Altar gebracht. Früchte der Erde und der menschlichen Arbeit, die aber letztlich für uns selbst stehen. Dann wird in der großen Herabrufung des Gottesgeistes gebetet, dass die Gaben gewandelt werden in einen »Leib, hingegeben«. Gewandelt werden dann aber nicht nur die dargebrachten Gaben, sondern die versammelten Menschen, die sich selbst darbringen: hinein in eine Gemeinschaft, die aus der Kraft Gottes dient. Sie selbst, die versammelte Gemeinde wird zum Leib, der sich hingibt für das Leben der Welt. Das Eintauchen in den wandelnden Gott wandelt um in solidarisch liebende Gemeinschaften und Menschen in ihnen.

Deutlich wird, wie gefährlich das ist, was Christen hier tun. Sie begeben sich gleichsam in »Gottesgefahr«. Nicht religiöse Verschönerung des banalen Lebens, nicht opiate Vertröstung werden gewährt, sondern gefährliche Wandlung geschieht. Wer sich einlässt, kann die Feiern nur anders verlassen, als er in sie eingetreten ist. Das formt die Kirche in der Hand des Christus-Opheus zu jener Lyra und lässt auf ihr jenes Lied erklingen, das die zeitgenössische Eurydike-Menschheit hineinführt in ein Land des Lachens, der Hoffnung und der Auferstehung.

ERMUTIGUNG NACH 200 JAHREN
(auf dem heimweg von einem orgelkonzert)

Zu füßen gottes, wenn
gott füße hat,

zu füßen gottes sitzt
Bach,
            nicht
der magistrat von Leipzig

Reiner Kunze

# Heil-Land

*Heilung eines Aussätzigen,*
*Evangeliar aus Echternach um 1040*

*Und ein Aussätziger kommt zu ihm, mutet sich ihm zu, und kniefällig sagt er zu ihm: Wenn du willst, kannst du mich rein machen. Und es ward ihm weh ums Herz; und er streckte die Hand aus, hielt ihn fest, und sagt zu ihm: Ich will, werde rein. Und gleich schwand der Aussatz von ihm, und er ward rein. Und jäh fuhr er ihn an, trieb ihn gleich hinaus: Sieh zu, sagt er ihm, dass du zu keinem etwas sprichst. Doch geh, zeige dich dem Priester, und bring für deine Reinigung dar, was Mose geboten – ihnen zum Zeugnis. Der aber ging hinaus und begann eifrig zu verkünden und das Wort herumzureden, so dass er nicht mehr in Erscheinung treten und in keine Stadt mehr hineinkonnte, sondern draußen an öden Orten blieb. Aber sie kamen zu ihm – von überallher.*
(Mk 1,40–45)

## Der Heiland

Wo Leben und Frieden ineinander fließen, dort ist nach biblischer Überlieferung der Mensch im Heil. Diesen Zustand herbeizuführen bedeutet heilen.

Heilungen sind in Jesu öffentlichem Wirken zentral. Sie gehören so sehr zu ihm, dass die Christenheit ihn mit dem Ehrennamen Heiland versehen hat: In der Kraft Gottes macht er Menschen heil an Seele und Leib.

Die Heilung eines Aussätzigen soll für viele der Heilungen durch Jesus stehen. Sie erschließt, was Heilung schafft. Eine Darstellung aus der mittelalterlichen Buchmalerei der Benediktiner der Insel Reichenau im Bodensee führt in diese Erzählung ein.

Das Ereignis gliedert sich im Bild in mehrere Personen und Personengruppen. Da ist zunächst der Aussätzige, dann Jesus der Heiland, sodann die zwei Männer hinter Jesus und schließlich, durch andere Gewandung abgesondert, die Zeitgenossen im Hintergrund.

### *Der Aussätzige*

Der Aussätzige ist ganz an den Rand des Bildes gemalt. Er ist auch am Rand des Lebens. Und ganz »unten«, niedergedrückt. Er geht »in die Knie«.

Die rabbinische Tradition zählte die Aussätzigen zu den Toten. So wie er »vegetiert«, ist das »kein Leben« mehr.

In der Tat, was unbedingt zum Leben dazu gehört, was den Leuten »heilig« ist, fehlt ihm.

- Da ist niemand, der ihn ansieht und ihm so Ansehen gibt. Denn alles wirkliche Leben entstammt der Begegnung, so Martin Buber. Wir brauchen als Grundnahrung für die Seele, dass jemand uns sein Gesicht zeigt und wir im Spiegel des anderen erkennen, wer wir sind: »Face-to-face-Beziehungen« sind lebenswichtig. Wir brauchen ein vis-à-vis, eine visage also, ein Gesicht. Für Chinesen ist es tödlich, wenn sie ihr Gesicht verlieren. Der Aussätzige, so die Regel, musste, wenn sich ihm jemand näherte, schon von weitem rufen: Bleib weg! So zeichnet ihn der Buchmaler denn auch als den Unansehnlichen. Ohne Ansehen kein Leben.
- Der Aussätzige konnte aus seinem Leben nichts mehr machen. Das ist der harte Kern des wertvollen Wortes Macht, das zu Unrecht madig gemacht wird. Gute Macht zu haben heißt gestalten zu können, ist Gestaltungsmacht also und nicht Unterdrückungsgewalt. Der Aussätzige war ohnmächtig. Ohne Macht kein Leben.
- Schließlich gehörte der Aussätzige nicht mehr zur Gemeinschaft dazu. Das deutsche Wort drückt es haargenau aus – er ist ausgesetzt aus der Gemeinschaft, lateinisch ex-kommuniziert. Dazugehören ist lebenswichtig. Ohne Dazugehören kein Leben.

### *Jesus heilt*

Nun hört er von Jesus. Er macht sich auf, ihm zu begegnen. Dabei wird er ebenso wie Jesus, der ihn an sich heranlässt, ein Gesetzesbrecher. Jesus trägt vielleicht deshalb im Bild eine Gesetzesrolle in der Hand, um »sein Gesetz«, »Gottes Gesetz« zu veröffentlichen. Hier ist der Sabbat für den Menschen da und nicht umgekehrt. Der Mensch zählt mehr als alle Regeln, weil Menschlichkeit die oberste Regel ist. Jesus bringt dieses neue Gesetz wie einst Mose vom Berg herab – so beginnt die Erzählung in der Parallelstelle bei Matthäus (Mt 8,1–4).

In all dem, was Jesus nun tut, erweist er sich als Heiland. Er geht auf den Aussätzigen zu. Das ist Gottes Bewegung hin zum Menschen, der »unten« ist, zu den an Leben Armen, jenen am Rand. In ihm macht Gott selbst den Anfang mit der Option für die Armen.

Dann streckt er seine schöpferische Hand aus und bringt den Mann ins Leben zurück. Denn das, was dem Aussätzigen fehlt, wird ihm gegeben. Das ist weit mehr als die körperliche Gesundheit. Diese wird dem Aussätzigen auch gegeben. Aber eben das ist die Grundlage, dass er aus der Todeszone des Aussatzes zurückkehrt in den Lebensraum der Gesunden. Näherhin:

- Jesus gibt dem Unansehnlichen Ansehen. Er schaut ihn an, wendet ihm sein Gesicht zu. Der Buchmaler malt das offene Gesicht Jesu mit besonderer Behutsamkeit.
- Jesus gibt ihm über die Gesundung die Macht, wieder etwas aus seinem Leben zu machen. Er kann dieses selbst in die Hand nehmen. Geh und zeig dich dem Priester, sagt Jesus zum Geheilten.
- Damit gibt er ihm das Dazugehören wieder. Der Aussatz in seiner sozialen Not wird beseitigt. Er setzt den Aussätzigen wieder ein in die Gemeinschaft der Menschen und lässt ihm dies durch ein Opfer bescheinigen.

Auf der Insel Reichenau, auf der das Bild des Buchmalers um die Jahrtausendwende gemalt worden war, sind drei Kirchen. Darunter St. Georg zu Oberzell. In dieser sind in alten Fresken die Totenerweckungen dargestellt. Die Heilung des Aussätzigen ist unter diese eingereiht. Übergang vom Tod zum Leben geschieht: also Auferweckung schon vor dem Tod.[29]

## Kirche als Heil-Land

Hinter Jesus gehen zwei Männer. Es sind Petrus und Johannes: Menschen in der Jesusnachfolge. Sie stehen für das Recht (Petrus) und die Liebe (Johannes). Beide zusammen stellen sie die Kirche dar.

Petrus schaut auf seine Hand. Er hat begriffen, worum es bei der Kirche geht: Jesus »auf die Finger schauen« und dabei zu lernen, so zu handeln wie er.

Das heißt aber: auf die Menschen am Rand zugehen, sich ihnen zuwenden und sie so be-hand-eln, dass sie aus dem Todesbereich in den Lebensraum übergehen können. Wie Jesus arbeiten auch sie zu Gunsten von kleinen Auferweckungen vor dem Tod.

Heute wird wieder mehr Ausschau gehalten, wie die christlichen Kirchen ihre therapeutische Kraft wieder gewinnen können. Und das in all ihren Lebensvorgängen: in ihren gottesdienstlichen Feiern, in ihren Zusammenkünften, dann, wenn sie den Menschen dient. Die Vision ist es, dass in der Nachfolge des Heilands die kirchlichen Lebensräume zu Heil-Land werden.[30] Wer eintritt, geht nicht im schlimmsten Fall beschädigt weg, sondern heiler.

**29** Zulehner, Paul M.: Auferweckung schon jetzt. Skizze zu einer europäischen Befreiungstheologie, Freising 1984.
**30** Beranek, Markus: Kirche als Heil-Land. Ein Forschungsprojekt für Missio Aachen, Wien 2000.

## Und wir?

Hinter Petrus und Johannes, Symbol der Kirche in der Nachfolge Jesu, gehen – erkennbar an ihrer Kleidung – Zeitgenossen des Buchmalers. Dass er diese ins biblische Ereignis hineinmalt, ist seine Art zu predigen. Die Botschaft ist klar: Lasst auch ihr euch ein in dieses Ereignis. Geht auf Menschen zu, die am Rand des Lebens sind, und heilt sie.

Wenn wir heute das Bild ansehen, wo finden wir uns wieder? Am besten wäre es, würden wir uns vor Jesus im Aussätzigen und hinter Jesus in den Zeitgenossen wiederfinden, Männer und Frauen in gleicher Weise. Wir wären dann der Heilung bedürftig und als Geheilte heilsam für andere. Henri Nouwen, der große Pastoralmystiker, hat Recht, wenn er dem verwundeten Arzt die höchste Kompetenz zutraut.

# Raum der Seligpreisungen

*Selig die aus dem Geiste Armen,*
*denn ihrer ist das Königtum der Himmel.*
*Selig die Trauernden,*
*denn sie werden ermutigt werden.*
*Selig die Sanften,*
*denn sie werden das Land erben.*
*Selig die nach der Gerechtheit*
*Hungernden und Dürstenden,*
*denn sie werden satt gemacht.*
*Selig die sich Erbarmenden,*
*denn sie werden Erbarmen finden.*
*Selig die im Herzen Reinen,*
*denn sie werden Gott sehen.*
*Selig die Friedensstifter,*
*denn sie werden Söhne Gottes heißen.*
*Selig die um der Gerechtheit willen Gejagten,*
*denn ihrer ist das Königtum der Himmel.*
*Selig seid ihr, wenn sie euch fluchen und jagen*
*und betrügerisch allerart Böses nachsagen um meinetwillen.*
*Freut euch und jubelt: Denn groß ist euer Lohn in den Himmeln.*
*So jagte man ja die Propheten, die vor euch gewesen.*
(Mt 5,3–12)

In der ältesten Kirche Deutschlands, in St. Michael neben dem Dom zu Fulda, gibt es den Raum der Seligpreisungen. Es ist das gewöhnliche Kirchenschiff. Achteckig nimmt es den auf, der in seinen Raum eintritt.

*St. Michaeliskirche in Fulda, karolingischer Rundbau (818–822), Rotunde und Apsis*

*St. Michaeliskirche in Fulda,*
*Mittelsäule der Krypta*

## Das Oktogon

Die Acht gilt als Symbol für die Vollendung. Der achte Tag ist jener der Auferstehung. Die liegende Acht ist Zeichen der Unendlichkeit, der Vollendung. Wohl nicht zufällig hat der Komponist der Bergpredigt acht Seligpreisungen zusammengefügt, anders als Lukas in seiner verwandten Feldrede.

Die Taufkapellen der alten romanischen Kirchen sind achteckig gebaut.

Alle diese achteckigen Räume symbolisieren das Leben eines Christen. Wer in den Raum des Evangeliums eintritt, wird in seinem Leben im Sinn der acht Seligpreisungen geformt. Das ist charakteristisch für das Christentum: nicht einengende Verbote, sondern ausweitende Seligpreisungen.

## Christus als tragende Säule

Der achteckige Raum in der Michaelskirche zu Fulda wird von einer einzige Säule getragen, die frei in der Krypta steht. Sie symbolisiert Christus als den tragenden Grund des christlichen Lebensraums. Wo Christus tragender Grund eines Lebens wird, dort kann sich der Raum der Seligpreisungen auftun.

Wird christliches Leben nicht mehr von Christus getragen, verkommt es leicht zu Leben in moralischer Anstrengung. Ist er der tragende Grund, kann sich ein Leben in der Freiheit der Seligpreisungen entfalten.

# Der Himmel zwischen uns

*Die heilige Stadt, die vom Himmel hernieder steigt,*
*von einem unbekannten Künstler*

*Und ich sah einen neuen Himmel und eine neue Erde. Denn der erste Himmel und die erste Erde sind vergangen. Auch das Meer ist nicht mehr. Und die Heilige Stadt, ein neues Jerusalem, sah ich niederfahren aus dem Himmel von Gott her: wie eine Braut gerüstet, geschmückt für ihren Mann. Und ich hörte eine gewaltige Stimme vom Thron her sagen:*
*Da! Das Zelt Gottes bei den Menschen:*
*Ja, zelten wird er bei ihnen.*
*Und sie werden seine Völkergruppen sein.*
*Und er, Gott, wird bei ihnen sein – ihr Gott.*
*Und abwischen wird er jede Träne von ihren Augen.*
*Und der Tod wird nicht mehr sein,*
*und Leid und Wehschrei und Not*
*werden nicht mehr sein.*
*Denn das Erste ist vergangen.*
(Offb 21,1–5)

Die alten Schulkatechismen haben mit der Frage begonnen, wozu der Mensch auf Erden ist. Die Antwort war kurz und eindeutig: »Um in den Himmel zu kommen.« Marx hat deshalb den Christen vorgeworfen, sie würden das verelendete Proletariat mit ihrer Himmelsvertröstung vom Kampf gegen das Elend abhalten. Die Arbeitenden müssten daher vom Religionsopium befreit werden.

Der Bibel ist solche Vertröstung fremd. Sie unterstützt auch den Kinderkatechismus nur unter Vorbehalt. Gewiss, Jesus verheißt denen, die ihm nachfolgen, ewiges Leben (Mk 10,28–30). Zugleich ist es aber sein Herzensanliegen, dass der Himmel zu uns kommt, und nicht nur, dass wir (einst) in den Himmel kommen.

Himmel – das meint eine Welt, in deren Mitte Gott wohnt, deren Kraft er ist. Eine Welt Gottes also, wohnlich für die Menschen. In der Sprache Jesu: Reich Gottes.

Kommt der Himmel zu uns, dann ist er zwischen uns. Dann leben wir in den himmelförmigen Gemeinschaften, in denen Gott das bergende Zentrum ist, anders als die »Welt«. Dann gilt: »Bei euch sei es nicht so« (Mt 20,26). Die Bergpredigt wird zum Grundgesetz. »Anders leben«: Daran kann man dann auch die Christinnen und Christen mitten in der Welt erkennen. Und wo so gelebt wird, kann auch die Frage wachsen, warum so gelebt wird. Evangelisierung hebt mit solchem Fragen an.

Die Theologie hat solche Qualität christlicher Lebensorte »eschatologisch« genannt. Das noch Ausstehende, was noch keinen Ort hat – das heißt griechisch ou-topos – also das Utopische, das Ortlose erhält in solchen Gemeinschaften einen Ort. Noch einmal: Der noch ausstehende Himmel ist dann zwischen uns. Wenigstens spurenhaft. Das himmlische Jerusalem steigt hernieder und kündigt sich an, nicht nur in Worten der Verheißung, sondern in verheißungsvollen Taten.

Die größte Schwäche der gegenwärtigen Kirchen zumal im Kontext des Reichtums ist der Verlust dieser eschatologischen Sprengkraft. Vielfach wiederholt sich auf dem Boden der Christengemeinden jene Lebensart, die auch in der Gesellschaft gilt. Johann Baptist Metz hat dies schon vor Jahren als »Verbürgerlichung der Kirche« beklagt. Was nicht umstandslos zur zeitgenössischen Kultur passt, wird aus dem Evangelium ausgeblendet. Wenig Kraft behalten die Aufforderungen Jesu, dass es in seiner Jüngergemeinde »anders« sein solle: der Umgang mit der Macht, mit dem Besitz, mit den Armen, mit den Schwachen, den Behinderten.

Der Preis, den die Kirchen für den Verlust der eschatologischen Kraft zahlen, ist hoch:

- Immer weniger Frauen und Männer riskieren ein Leben nach den evangelischen Räten und gehen in einen Orden. Sie sehen nicht mehr, dass aus dem Ergriffensein vom Reich Gottes ein Leben in zugespitzter Freiheit (also im Gehorsam), in zugespitzter Beziehungsfähigkeit (also Jungfräulichkeit) sowie in zugespitzter Solidarität (also in Armut) möglich ist. Eine verbürgerlichte Kirche hat keine Kraft mehr, Ordensleute zu »zeugen«.

- Analog gilt dies für die Ehelosigkeit der Priester, immer mehr aber auch für das Priesteramt selbst. Wie soll man Gottesmann werden, wenn Gott einen nicht mehr buchstäblich an-geht? Zudem ist für die Ehelosigkeit als Lebensentwurf weder in der Gesellschaft noch in den Kirchen eine Wertschätzung vorhanden. Die katholische Kirche stellt wohl auch deshalb den Priestern die Wahl ihrer Lebensform noch nicht »frei«, weil sie dann damit rechnen müsste, dass nur ganz wenige (und vielleicht nicht immer die Besten) diese Lebensform wählen würden.
- Die Ausdünnung und Verseichtung unserer Kirche auf Grund des Verlustes eschatologischer Kraft bezieht sich auch auf das kirchliche Alltagsleben – und hier wiederum auf den Gottesdienst. Kirchliches Leben quillt aus der Eucharistie, so die kirchliche Tradition mit hoher Einmütigkeit. Vor allem die orthodoxe Liturgie ist deshalb in ihrer Pracht ein Schauspiel, das die himmlische Liturgie auf die Erde und in unsere Zeit bringen soll. Über den Gottesdienst fließt somit eschatologische Kraft in das kirchliche Leben. Kirche wird geformt und erneuert: als eine Gemeinschaft, die jetzt schon ein Leben wie nach der Auferstehung riskiert, ein Leben der Seligpreisungen.

Inmitten des Umbaus der Kirche von heute fragen viele, ob uns nicht eine längst fällige, vom Zweiten Vatikanischen Konzil angepeilte Modernisierung der kirchlichen Strukturen weiterbringen könnte. Ein wenig schon, so meine ich. Und wir sollten das rasch hinter uns bringen, weil es uns unnötig Kräfte bindet. Zu lange Selbstbeschäftigung ist typisch für kranke Menschen.

Es gilt aber in der nächsten Zeit, noch mehr aus den Wurzeln zu schöpfen. Wurzel heißt im Lateinischen radix. Was somit die Kirche in unseren Breiten neben einer moderaten Modernisierung braucht, ist eine kluge Radikalisierung.

Oder wie Jugendliche texten: »No risk, no fun.«

Auf Wolkenbürgschaft

*für Sabka*

Ich fahre
nach Inseln ohne Hafen,
ich werfe die Schlüssel ins Meer
gleich bei der Ausfahrt.
Ich komme nirgends an.
Mein Segel ist wie ein Spinnweb im Wind,
aber es reißt nicht.
Und jenseits des Horizonts,
wo die großen Vögel
am Ende ihres Flugs
die Schwingen in der Sonne trocknen,
liegt ein Erdteil,
wo sie mich aufnehmen müssen,
ohne Paß,
auf Wolkenbürgschaft.

Hilde Domin

## DAS ENDE DER KUNST

Du darfst nicht, sagte die eule zum auerhahn,
du darfst nicht die sonne besingen
Die sonne ist nicht wichtig

Der auerhahn nahm
die sonne aus seinem gedicht

Du bist ein künstler,
sagte die eule zum auerhahn

Und es war schön finster

Reiner Kunze

# Konversion

*Aber – was da Gewinne mir waren, das habe ich um des Messias willen für Einbuße gehalten. Ja wirklich: Ich halte alles für Einbuße aufgrund der überragenden Erkenntnis des Messias Jesus, meines Herrn. Um seinetwillen habe ich dies alles eingebüßt und achte ich es für Mist, um nur ja den Messias zu gewinnen und in ihm mich zu finden. So habe ich nicht meine Gerechtheit – die aufgrund des Gesetzes – sondern die durch Glauben an den Messias: Die Gerechtheit, die in Gott gründet durch den Glauben; um ihn zu erkennen und die Kraft seiner Auferstehung und die Gemeinschaft an seinen Leiden, mich gleichgestaltend seinem Tod. Vielleicht gelange ich so heraus – zur Auferstehung von den Toten.*
*Nicht dass ich schon zu fassen bekam oder schon zur Vollkommenheit gekommen wäre, aber ich jage hinterher – vielleicht, dass ich zu fassen bekomme – weil ich ja auch erfasst wurde vom Messias Jesus. Brüder, ich rechne nicht damit, dass ich es selbst schon erfasst habe; eins aber doch: Was hinter mir – das vergesse ich; was vor mir – danach strecke ich mich aus. Aufs Ziel gerichtet jage ich nach dem Kampfpreis: Gottes Ruf nach oben in Eins mit dem Messias Jesus.*
(Phil 3,7–14)

Die Bibel kannte noch eine »leidpräventive Moral«. In den vergangenen Jahrhunderten ist in den christlichen Kirchen daraus eine »Beleidigungsmoral« geworden. Die zehn Lebensweisungen des Dekalogs sollten verhindern, dass in dem Lebensland, das Gott seinem Volk gab, jemand einem Volksgenossen das Leben beschädigte oder nahm. Später hatte man moralisch das Gefühl, dass ums

Leben geprellt wird, wer sich an die kirchlichen Normen hält.

Die relativ junge Beleidigungsmoral (wer sündigt, beleidigt Gott) geriet noch dazu in obrigkeitliche Stimmungen. Es war die Autorität, die beleidigt wurde, näherhin die Autorität Gottes. Kontrolliert wurde zudem die Einhaltung dieser Gehorsamsmoral durch das Buß- und Beichtinstitut.

Mit dem Ende der Obrigkeiten war damit dann auch das Ende der Beleidigungsmoral besiegelt. Die Leute hörten nicht nur auf zu beichten. Sie setzten sich auch von all jenen gesellschaftlichen Wirklichkeiten ab, die ihnen als Quelle der Fremdsteuerung erschienen. Im Anspruch der freiheitlichen Selbststeuerung gerieten Autorität, Institution und Normen in einem in Krise. Ein heimlicher Unschuldswahn breitete sich aus; mit ihm einher gingen unheimliche Entschuldigungsmechanismen. Am Bösen waren die Umstände schuld, das Gute hingegen schrieb man sich selbst zu. Dass man selbst schuldig werden konnte, geriet aus dem Blickfeld.

Wenn jemand Schuld nicht mehr wahrnimmt, kein Schuldbewusstsein und kein Schuldgefühl mehr entwickelt, heißt das aber noch lange nicht, dass er nicht schuldig wird.

Schuld meint hier nicht mehr »Beleidigung von Autorität«. Nicht schuldig zu werden ist auch nicht verbunden mit weniger Lebendigkeit. Schuld steht vielmehr in Verbindung mit weniger Leben, mit Beschädigung des Lebens, führt, wenn die Schuld auswächst, letztlich in den Tod. Schuldigwerden ist tödlich.

Solches Wissen ist aus den Beichtstühlen ausgewandert auf die Couch von Psychotherapeuten. Hier wird darum gerungen, die existentielle Wahrheit des Lebens zu entdecken und wieder »gesund«, geheilt zu werden. Was dabei entsteht, ist eine neue Lebensart, eine Zuwendung zu mehr Lebendigkeit. Dem Leben wird eine neue Richtung gegeben. Abkehr vom alten Lebenskonzept, die Zuwendung zu einem neuen geschieht.

Die Bibel nennt solches eine Neuorientierung, Umkehr, Konversion. Dabei lässt ein Mensch seine alte Lebensweise hinter sich. Der alte Mensch »stirbt« gleichsam. Ein neuer Mensch ersteht. Eine »kleine Auferstehung« ereignet sich.

Es wäre gut für uns moderne Menschen in nachobrigkeitlichen Zeiten, könnten wir diesen Weg der Umkehr neu schätzen lernen, der wegführt aus dem »von den Vätern (und Müttern!) überkommenen nutzlosen Lebenswandel« (1 Petr 1,18) hin zu einem neuen Leben.

Es wäre gut, wenn sich solche Neuorientierung des ganzen Lebens nicht nur ereignet, sondern wenn wir dabei jemanden fänden, mit dem wir das auch bereden können und wo die Umkehr auch in Gemeinschaft gefeiert werden kann.

Letztlich ereignet sich in solch einer Umkehr zum Leben insgeheim oder ausdrücklich eine Umkehr zu Gott als dem verlockenden Quell allen Lebens. Die alte Gnadentheologie ließ keinen Zweifel daran, dass solche Umkehr nur aus der Kraft Gottes geschieht. Er will nicht den Tod des Sünders. Er gibt die Gnade der Umkehr.

Wenn wir schon von uns aus die Kraft nicht haben, das Leben radikal zu erneuern: Wenigstens die Sehnsucht danach könnten wir wach halten.

# Wie durch Feuer hindurch

*Rettung aus dem Fegfeuer,*
*Lateinisches Stundenbuch der Marie Carnillot, 15. Jh.*

*Eines jeden Werk wird zum Vorschein kommen. Denn jener Tag wird es weisen, weil es im Feuer sich enthüllt. Und wie eines jeden Werk beschaffen ist – das Feuer wird es prüfen. Wessen Werk – das er aufgebaut – bestehen bleibt, der wird Lohn empfangen. Wessen Werk verbrennt, der wird zu büßen haben. Er selber aber wird gerettet – doch so wie durch Feuer.*
(1 Kor 3,13–15)

Wer von uns leidet nicht darunter, dass wir stets nach mehr aus sind, als stattfindet. Die Rechnungen bleiben immer offen.

Das gilt für das persönliche Leben: für die Träume vom eigenen Beruf, von der Entfaltung der Begabungen, von Freundschaft, Liebe und Partnerschaft.

Dasselbe ist aber auch von Gemeinschaften zu sagen. Keine Pfarrgemeinde wird ihrer eigenen Vision gerecht. Das Bild, das diese vom pfarrlichen Leben enthält, ist immer schöner und erhabener als das Leben, wie es tatsächlich in der Pfarrei stattfindet.

Unser Leben bleibt stets ein Fragment. Und darunter leiden wir.

Manche verstärken angesichts einer solch schmerzlichen Einsicht ihre Anstrengungen, ohne auch dann das Ideal zu schaffen. Ideale entwickeln dann gerade bei den »Idealisten« eine destruktive Kraft.[31] Wieder andere nehmen Zuflucht zu einer europäisierten Form der asiatischen Reinkarnationslehre. Sie spekulieren mit einem weiteren Leben, um etwas von den ausstehenden Träumen doch noch realisieren zu können.

Das Christentum weist einen anderen Weg. Es zeigt uns einen Gott, der uns das Recht gibt, als Fragment in den Tod zu gehen und dennoch gerettet, also ganz, schalom zu werden. Schlechthin sinnvolles ewiges Leben ist nur als



**31** Schmidbauer, Wolfgang: Alles oder nichts. Über die Destruktivität von Idealen, Reinbek bei Hamburg 1987.

ganzes Leben, als Leben in Fülle denkbar. Ohne solch fülliges Leben gäbe es keinen Himmel für uns.

Dann aber kann das nur bedeuten, dass im Tod das Fragment zum Ganzen ausheilt, ausreift. Ich stelle mir das so vor, wie auch der Text oben aus dem 1. Korintherbrief nahe legt, dass wir im Tod in das Feuer der göttlichen Liebe hineinsterben. Dort wird unser Lebenswerk sichtbar. Es wird verbrannt, was nicht standhält. Wir aber werden durch dieses Feuer hindurch gerettet – das Feuer der göttlichen Liebe.

Was hier vom Einzelschicksal gesagt wurde, gilt für die Welt als Ganzer sowie von der Kirche in ihr. Beide werden am Ende der Tage als Fragment ankommen. Auch die Kirche wird nicht mehr als Spuren des Reiches Gottes in sich tragen. Beide aber werden wie durch das (apokalyptische) Feuer hindurch gerettet werden.

Bitte

Wir werden eingetaucht
und mit dem Wasser der Sintflut gewaschen,
wir werden durchnäßt
bis auf die Herzhaut.

Der Wunsch nach der Landschaft
diesseits der Tränengrenze
taugt nicht,
der Wunsch, den Blütenfrühling zu halten,
der Wunsch, verschont zu bleiben,
taugt nicht.

Es taugt die Bitte,
daß bei Sonnenaufgang die Taube
den Zweig vom Ölbaum bringe.
Daß die Frucht so bunt wie die Blüte sei,
daß noch die Blätter der Rose am Boden
eine leuchtende Krone bilden.

Und daß wir aus der Flut,
daß wir aus der Löwengrube und dem feurigen Ofen
immer versehrter und immer heiler
stets von neuem
zu uns selbst
entlassen werden.

Hilde Domin

# *Urbewegungen gläubigen Lebens*

## Empfangen

*Im sechsten Monat aber ward der Engel Gabriel von Gott her entsandt in eine Stadt Galiläas namens Nazaret zu einer Jungfrau, die angetraut war einem Mann namens Josef aus dem Haus Davids. Der Name der Jungfrau war Maria. Und er trat bei ihr ein und sprach: Sei gegrüßt, Hochbegnadete, der Herr ist mit dir. Sie aber erschrak sehr bei dem Wort und machte sich Gedanken, was dieser Gruß bedeute. Da sprach der Engel zu ihr:*

*Ängste dich nicht, Maria!*
*Denn Gnade hast du gefunden bei Gott.*
*Und da! Du wirst im Schoß empfangen*
*und einen Sohn gebären,*
*und du sollst seinen Namen Jesus rufen.*
*Er wird ein Großer sein*
*und Sohn des Höchsten gerufen werden:*
*Und geben wird ihm der Herr – Gott –*
*den Thron seines Vaters David.*
*Und König wird er sein über dem Haus Jakob*
*die Weltzeiten hin.*
*Und seines Königtums wird kein Ende sein.*

*Sprach Maria zum Engel: Wie soll das geschehen, da ich keinen Mann erkenne? Und der Engel hob an und sprach zu:*

*Heiliger Geist wird über dich kommen,*
*und Kraft des Höchsten dich überschatten.*
*Darum wird auch, was nun gezeugt wird,*
*»heilig« gerufen werden: Sohn Gottes.*

*Und da! Elisabet, deine Verwandte – auch sie hat einen Sohn empfangen, in ihrem Alter. Und dies ist*

*Verkündigung,*
*Sakramentar aus Köln um 1000*

*der sechste Mond für sie – die Unfruchtbare, wie sie gerufen wurde. Denn von seiten Gottes ist nichts unmöglich – kein Ding. Sprach Maria: Da! Ich bin die Magd des Herrn, geschehe mir nach deinem Wort!*
*Und der Engel ging von ihr.*
(Lk 1,26–38)

Das Sakramentar aus Köln, um das Jahr 1000 angefertigt, stellt die Verkündigungsszene dar. Herausgearbeitet wird, worauf es bei dieser Begegnung zwischen dem Engel und der jungen Frau Maria ankommt.

Die Zusammenkunft spielt sich in einem dunkelgrünen Feld ab. Diese ist im Bild gleichsam das Innere der Kirche als Raum gläubigen Lebens. Was das Zweite Vatikanische Konzil tausend Jahre später im letzten Kapitel der Dogmatischen Konstitution über die Kirche (Lumen gentium) neuerlich hervorkehrt, ist in diesem Bild schon da. Maria ist der Urtyp der Kirche, der Glaubenden.

Der Engel ist Gottes Bote. Alles gläubige Leben nimmt seinen Anfang in Gott. Sein Tun ist Segen. Deshalb sind die Finger des Engels überzeichnet zum Segen erhoben. Der Engel selbst wird zum Segen, weil er von Gott her eine Nachricht bringt, die Leben schafft. Gott bringt sich selbst zum Menschen in seinen Engeln.

Maria wiederum saß wohl zunächst auf dem Stuhl, der am Rand des Bildes zu sehen ist. Das Kommen des Engels lässt sie aber nicht sitzen bleiben. Seine Nachricht erlebt sie buchstäblich »entsetzlich«. Sie steht auf und geht dem Engel entgegen.

Auffällig sind die Hände der Frau. Sie sind nicht zum Segen erhoben. Vielmehr sind sie geöffnet und leer. Vor Gott hat der Mensch nichts in seinen Händen. Die leeren Hände sind zugleich die Bereitschaft, Segen und darin Leben entgegenzunehmen. Empfangen ist die Grundbewegung. Empfangen in vielen Variationen: als Hören, Fragen, Glauben und Vertrauen.

Menschliches Leben beginnt mit dem Empfangen, mit der Empfängnis. Es ist immer verdanktes Leben. Daher sagt der gläubige Mensch nicht: Es gibt mein Leben. Sondern Er, Gott selbst, gibt mir das Leben. Sein Leben letztlich. Ich sage dann auch nicht mehr: Es gibt die Welt und die Menschen in ihr. Vielmehr beginne ich zu begreifen: Du, Gott, gibst mir, uns, die Welt und schenkst uns einander. Wir sind die Beschenkten, reich beschenkt, weil reich an Leben.

# Loben

*Und nachdem er das gesprochen, blickten sie auf: Und er ward emporgehoben, und eine Wolke nahm ihn auf – aus ihren Augen fort. Und während sie sich dem Himmel zuwandten, wie er dahinfuhr – da! Zwei Männer standen neben ihnen in weißen Kleidern. Und sie sprachen: Ihr Männer von Galiläa! Was steht ihr da und blickt zum Himmel? Dieser Jesus, der von euch fort in den Himmel Hinaufgenommene – er wird so kommen, wie ihr in den Himmel gehend ihn geschaut habt.*
(Apg 1,9–11)

Das Erste, was Maria als die Beschenkte tut, ist zu loben und zu danken. Ihr Lobgesang ist von einer Kraft, die bis auf den heutigen Tag in den großen Gebetszeiten der Kirche zu spüren ist, wenn ihr »Magnifikat« gesungen oder gebetet wird:

*Groß rühmt mein Leben den Herrn,*
*und mein Geist jubelt ob Gott, meinem Retter,*
*weil er die Niedrigkeit seiner Magd angeblickt.*
*Denn da! Von nun an preisen alle Geschlechter mich selig,*
*weil Großes mir getan der Kraftvolle.*
*Und heilig ist sein Name.*
*Und sein Erbarmen: Geschlecht für Geschlecht*
*über denen, die ihn fürchten.*
*Gewaltiges tut er mit seinem Arm,*
*zersprengt die im Herzen hochmütig Gesinnten.*
*Machthaber stürzt er von Thronen*
*und Niedrige erhöht er.*
*Hungernde füllt er mit Gutem*
*und Reiche sendet er leer weg.*

*Himmelfahrt,*
*Egbert-Kodex um 980*

*Er nimmt sich Israels an, seines Knechtes,*
*des Erbarmens gedenkend,*
*so wie er unseren Vätern zugesprochen,*
*dem Abraham und seinem Gespross – auf Weltzeit hin.*
(Lk 1,45–55)

Wie ein Teppich ist dieses Lied gewoben. Die Fäden dazu sind dem Alten Testament, vor allem seinen Liedern entnommen. Offenkundig wird, wie im Gottesvolk der Lobpreis Gottes lebt. Die Themen des Lobes sind vielfältig wie das geschenkte Leben selbst:

- Die Gläubigen des Alten Bundes nehmen vor allem die Großtat Gottes in den Mund: *die Rettung Israels aus Ägypten* und die Führung des Volkes hinein ins Gelobte Land. Sie schlagen auf die Pauke (vgl. Ex 15,20) und singen unablässig: »… *denn in Weltzeit währt seine Huld«* (vgl. Ps 136). »Voll des Lobes« auf Gott ist das Leben des alttestamentlichen Gottesvolkes; denn es verdankt sich ganz und gar seinem rettenden und bewahrenden Gott. Das Lob Israels ist das Echo auf Gottes Einsatz fürs Leben und Überleben des Volkes.
- Auch die *Errettung des Einzelnen* ist Anlass, Gott zu loben, das heißt, ihn hochleben zu lassen: »Unter den Völkern will ich dir danken, mein Herr, unter den Nationen dir harfen, denn bis an den Himmel groß ist deine Huld, bis an die Lüfte deine Treue« (Ps 57,10f). Leben in Israel ist Loben. Wo kein Lob, dort ist der Tod: »Nicht die Toten preisen oh Ihn, nicht alldie in die Tiefstille sanken. Wir aber segnen oh Ihn, von jetzt an bis hin in die Zeit!« (Ps 115,17f)
- Sein Staunen über *Gottes Schöpfung* lässt der Gläubige laut werden im Lob auf den Schöpfer (vgl. Ps 8;19). Auch Gottes Wort und Weisung sind ihm Grund, Gott aufzuspielen. Noch in der Drangsal ist Gottes Treue Ursache

für den Lobpreis der drei jungen Männer im Feuerofen (vgl. Dan 3).

- Der rettende und Leben spendende Gott hat sich endgültig und unüberholbar bezeugt *im Leben, Sterben und in der Auferweckung und Himmelfahrt* Jesu. In ihm hat Gott sein unzerstörbares Ja-Wort der Menschheit geschenkt. Seine Treue und sein Erbarmen sind so in endgültiger Entschiedenheit offenbar geworden (2 Kor 1,18–20).

Wie bei Maria, dem Urbild, ist auch im Leben aller Glaubenden, damit der Kirche, der Lobpreis die erste Antwort der Beschenkten.

Der Künstler aus dem Ende des ersten Jahrtausends malt, wovon Lukas im Evangelium (Lk 24) und in der Apostelgeschichte (Apg 1) kündet. Jesus ist seinen Weg bis zur Vollendung gegangen. Weil er nicht aufgehört hat, seinen Vater und die Menschen zu lieben, haben ihn die Menschen umgebracht. Doch *Gott hat ihn im Tod nicht fallen gelassen.* Mit seiner Rechten nimmt er Jesus auf in die Herrlichkeit. Gott vollendet Jesu Leben und eröffnet damit für alle endgültiges Leben in Fülle.

Jesus symbolisiert in seiner Himmelfahrt die Ankunft der erlösten Menschheit bei Gott. Er ist der Erste, der aufersteht und bei Gott ankommt. Wie er, so auch wir – so die gläubige Grundformel der Erlösung.

Diese Großtat Gottes verkünden die Boten Gottes, seine Engel. Die Jünger hören die Kunde, strecken die Hände in die Höhe und jubeln. Lob ist die gläubige Antwort auf Gottes Heilstat an Jesus für uns alle. Zugleich werden sie von den Engeln in die Welt hinausgewiesen, um dort Gottes Herrlichkeit zu bezeugen in Werk und Lob, »auf dass sie sehen eure guten Taten und verherrlichen euren Vater – den in den Himmeln« (vgl. Mt 5,16).

Wie das *im Leben der jungen Kirche* aussah, erzählt die Apostelgeschichte: »Und Tag um Tag verharrten sie einmütig im Heiligtum. Das Brot brachen sie Haus um Haus, nahmen die Zehr in Jubel und Lauterkeit des Herzens, Gott lobpreisend und in Gnade beim ganzen Volk« (Apg 2,46f). Weil Gott sie mit seinem Wort bedient und sie mit dem Brot des Lebens verköstigt, müssen sie ihn loben. Die Begegnung mit Gott, der das Leben gönnt, ist der Ursprung für den Lobpreis der Christen. Nicht einmal in den Sackgassen menschlichen Lebens hören die Christen auf, ihrem Gott das »Opfer des Lobes« (Hebr 13,15) zu schenken; denn im Glauben an den Gott, der Jesus von den Toten auferweckt hat, wissen sie, dass Leid, Tragik, Schuld und Tod ihrer endgültigen Macht beraubt sind. Gott hat das letzte Wort für den Menschen übrig. Es lautet: »Lebe!« (Ez 16,6)

Loben ist nicht die Spezial-Aufgabe weniger Menschen in der Kirche, z. B. der Mönche und beschaulich lebender Nonnen. Alle Glaubenden nehmen den Namen Gottes und seine Großtaten in den Mund und rufen sie lobend aus; denn alle sind sie gerettet und berufen, ins volle Leben einzugehen. Wer lobt, bleibt am Leben. Nur wer Gott lobt und darin zu ihm Du sagt, wird frei vom Selbstruhm. Er wird in der preisenden Begegnung Gottes Leben erfahren.

Im Lobpreis und in der Anbetung sind wir »Die ersten Freigelassenen der Schöpfung«.

»Gotteslob« nennen die deutschsprechenden Katholiken ihr Gebet- und Gesangbuch. Das ist die Rolle der Christen in der Welt: Gott feiern in Lob und Tat.

Wenn Christen am Morgen da und dort in den Gemeinden zusammenkommen, um mit dem Stundenbuch der Kirche Gott vor aller Tat zu loben, dann mündet ihr Lobpreis ein in das *Benediktus (»Gepriesen sei der Herr«)* des Zacharias, den Lobgesang des erlösten Mannes. Treffen sie sich wieder am Abend, um vor Gott gleichsam in die Hände zu klatschen, so erreicht ihr Abendlob seinen Höhepunkt im *Magnifikat (»Groß rühmt mein Leben den Herrn«)* Marias, dem Lobgesang der erlösten Frau.

# Austeilen

*Und als schon späte Stunde geworden, traten seine Jünger zu ihm und sagten: Öd ist der Ort, und die Sonne schon spät: Entlasse sie, dass sie in die umliegenden Gehöfte und Dörfer gehen und sich etwas zu essen kaufen. Er aber hob an und sprach zu ihnen: Gebt ihr ihnen zu essen! Und sie sagen zu ihm: Wir sollen gehen, für zweihundert Denare Brot kaufen und ihnen zu essen geben? Er aber sagt zu ihnen: Wie viele Brote habt ihr? Geht, seht nach! Und nachdem sie es erkundet, sagen sie: Fünf, und zwei Fische. Und er gebot ihnen: Alle sollten sich Mahlgemeinschaft um Mahlgemeinschaft auf dem grünen Rasen lagern. Und so ließen sie sich – Gruppe um Gruppe – zu hundert und zu fünfzig nieder. Und er nahm die fünf Brote und die zwei Fische, blickte zum Himmel auf, sprach die Preisung und brach die Brote und gab seinen Jüngern, damit sie ihnen vorlegten. Auch die zwei Fische teilte er allen. Alle aßen und wurden satt. Und Brocken, zwölf Körbe die Fülle, hoben sie auf; auch von den Fischen. Und derer, die die Brote gegessen, waren es fünftausend Mann.*
(Mk 6,35–44)

Empfangen und loben: Das waren die beiden ersten Grundvorgänge im Leben eines glaubenden Menschen sowie einer christlichen Gemeinde. Ein dritter Vorgang entspringt wie von selbst aus diesen beiden: Die Beschenkten, die darob ein Lob singen, werden von selbst zu Schenkenden.

Anschaulich wird dies im Bericht von der Speisung der Fünftausend (Mk 6,35–44) geschildert. Das Ganze ist wieder dargestellt auf dem grünen Hintergrund; dieser ist uns

*Brotvermehrung,*
*Evangeliar aus Echternach um 1040*

auch schon bei der Verkündigungsszene begegnet. Möglicherweise sagt dieser grüne Hintergrund, dass dort, wo Gott am Menschen durch Jesus (und seine Kirche) handelt, ein Raum von Hoffnung und Leben ist.

In der Mitte steht Jesus, der das Brot reicht. Er ist dargestellt als der auferstandene Herr. Dass er als Auferstandener der Lebendige ist, veranschaulichen die großen, offenen Augen. Jesus selbst ist also die Mitte, von dem das Leben ausgeht. Was Jesus macht, ist zunächst, *dass er Brot hergibt.* Wenn Johannes Jesus selbst »das Brot des Lebens« nennt, so soll damit angedeutet werden, dass er sich selbst hergibt. Er händigt sich selbst aus. Das bringt Leben denen, die am Verhungern sind. Die Darstellung Jesu als des Auferstandenen erinnert im Übrigen deutlich an die Kreuzigungsdarstellung. Brot reichen und am Kreuz festgenagelt sein sind Variationen des sich Aushändigens, der liebenden Hingabe.

Neben Jesus stehen zwei Männer. Was sie tun, heißt zusammengefasst: Die Beschenkten werden (von selbst) zu Schenkenden. Die, die empfangen, beginnen auszuteilen. Deshalb sind die Hände der Männer anders als die Jesu. Während Jesus noch mit beiden Händen austeilt, ist die eine Hand der beiden Männer eine empfangende und die andere eine weitergebende Hand. Indem sie empfangen, werden sie zur austeilenden Liebe provoziert. Wir können dies auch anders sagen: Die Kirche und ihre Christen hängen auf der einen Seite an Jesus, auf der anderen Seite an den Menschen. Das ist ihr Kreuz, eingespannt zu sein zwischen Jesus und den Menschen. Dabei kennt die Gesamtkomposition des Bildes eine klare Grundbewegung. Sie verläuft von Jesus hin zum Volk. Die beiden Männer neigen sich auch den Menschen zu, von Jesus gleichsam weg. Es sieht fast so aus, als wäre die Zuwendung zum Menschen, das Austeilen, fast noch wichtiger und folgenreicher als das Empfangen.

Auffällig dargestellt sind die austeilenden Hände der Männer. Es sind, parallel verschoben, die Hände Jesu, gleich an Größe und Gestalt. Jesus lässt sich durch Menschen vermitteln. In der Umkehrung heißt dies, dass Jesus »Proexistenz« ist, also Existenz für andere und auch Vorbild für andere. Wir stehen hier vor dem Grundgesetz christlichen Lebens. Die Beschenkten werden selbst zu Schenkenden. Die Bibel spricht hier von der Befreiung, von der Einweisung in die Nächstenliebe.

Entscheidend ist dabei im Vergleich zu manchen Auffassungen der Schriftgelehrten zur Zeit Jesu, dass diese Liebe zum Nächsten *entgrenzt* wird. Die Liebe zum Nächsten kennt von nun an keine Grenzen. Auch der Feind ist inbegriffen. Liebe in der Art Jesu ist »Entfeindungsliebe«.

Dies ist ablesbar an den festgenagelten Händen Jesu am Kreuz. Er hat sich so sehr den Menschen ausgehändigt, dass er in Hinkunft keinem mehr die Faust machen wird.

Die Hand Gottes ist für alle Menschen immer geöffnet. Die Begründung für diese Entgrenzung menschlicher Liebe ist die Liebe des Vaters zu den Menschen:

*»Ihr habt gehört, dass gesagt wird: Liebe deinen Nächsten! Und: Hasse deinen Feind! Ich aber sage euch: Liebt eure Feinde, und betet für die, die hinter euch her sind. So werdet ihr Söhne eures Vaters – dem in den Himmeln. Er lässt ja seine Sonne aufgehen über Bösen und Guten und regnen auf Gerechte und Ungerechte.«* (Mt 5,43f)

Das Bild zeigt schließlich das Volk. Man erinnert sich des Satzes aus dem Psalm, dass da ein Volk ist, das in Not und Todesschatten sitzt. Es geht um das Überleben und das Leben aller im Volk, aller Völker. Nächstenliebe, wie sie die Bibel meint, ist so im Grunde nicht privat, sondern politisch.

# *Lebensorte*

# Orte, nicht nur Worte

Das bisher Gesagte umfasst alle Menschen, die sich in die Urbewegung gläubigen Lebens einlassen: Sie empfangen, loben und teilen aus.

Letztlich ist, so ist es unsere unverbrüchliche Hoffnung, wie sie auf dem Zweiten Vatikanischen Konzil in Erinnerung gerufen worden ist, in diese Urbewegung des Lebens von Gott her jede und jeder einbezogen. Gott »will, dass alle Menschen gerettet werden und zur Erkenntnis der Wahrheit kommen« (1 Tim 2,4).

Unbeschadet solcher Weite, welche die ganze Welt und ihre Geschichte im Blick hat und Gott zutraut, dass er am Ende alle rettet, auf Wegen die nur er allein kennt: Der Kirche kommt dabei eine besondere Rolle in der Heilsgeschichte zu. Sie stellt dar und treibt voran, was Gottes Anliegen für die Welt ist. Daher sagt das Zweite Vatikanische Konzil: »Die Kirche ist ja in Christus gleichsam das Sakrament, das heißt Zeichen und Werkzeug für die innigste Vereinigung mit Gott wie für die Einheit der ganzen Menschheit.« (Lumen gentium 1)

Inmitten der Menschheit gibt es somit eine Gemeinschaft, in der sich Gottes Handeln zu Gunsten der Menschheit verdichtet abspielt. Kirche ist kein ausschließlicher, aber ein zentraler Heilsort.

Sie wird zu einem solchen aus dem Handeln Gottes. Umgekehrt wird das, was sie ist, lebt und tut, zur Veröffentlichung Gottes. Kirche ist somit beides: Ort und Wort. Das bedeutet aber auch: Sie stützt sich in ihrem Tun nicht nur auf Worte, sondern auf Orte. Und das kann weiter variiert werden: nicht nur auf Lebensworte, sondern sie ist ein Lebensort und bildet in ihren Gemeinschaften Lebensorte. Sie verkündet nicht nur Gottes Wort, sondern ist selbst ein Gottesort. Ein Anwesen Gottes. Gott soll aufscheinen in unseren Taten (Rolf Zerfaß[32]).

**32** Zerfaß, Rolf: Wenn Gott aufscheint in unseren Taten, in: Zulehner, Paul M.: Das Gottesgerücht. Bausteine für eine Kirche der Zukunft, Düsseldorf 1987, 95–106.

# Mystik und Politik

Was bisher über die Urbewegung gläubigen Lebens gesagt wurde, konkretisiert sich jetzt auf die gläubigen Gemeinden der christlichen Kirchen hin. Sie leben einerseits vom Empfangen, das sie loben lässt, und das bringt sie zum Austeilen. Auch christliche Gemeinden leben, wie alles, was Atem hat, vom Einatmen und Ausatmen, vom Nehmen und Geben, vom Eintauchen und Auftauchen.

Dies kann auf die ganz elementare Formel gebracht werden: Wer in Gott eintaucht, taucht neben den Menschen, und hier den Arm(gemacht)en auf.

Fachtheologisch steht das für das Wortpaar Mystik und Politik. Mystik meint hier »in Gott eintauchen«, Politik »neben den Menschen auftauchen«, die Not (helfend) lindernd und die Not (politisch) vermeidend.

Zuerst meditieren wir pastoraltheologisch an Hand biblischer Texte die mystische Dimension des Lebens in gläubigen Gemeinden christlicher Kirchen. An sie gebunden und aus ihr entspringend ist die diakonale Dimension.

## Mystik: Gottesverwurzelung

*»Sucht doch zuerst nach seinem Königtum und dessen Gerechtigkeit, dann wird euch das alles hinzugelegt werden.«*
(Mt 6,33)

Gott geht es in seinem liebenden Spielmann, dem Orpheus-Christus, um die Eurydike-Menschheit. Sie soll herausgeführt werden aus dem Herrschaftsbereich des Todes in den Lebensbereich Gottes. In Gottes Kraft- und Energiefeld soll der Mensch aufblühen zu jener Gestalt und Schönheit, die Gott ihm in seiner Schöpfungsweisheit zugedacht hat. Eben dieses Kraftfeld, in dessen Zentrum Gott selbst ist, nennt Jesus das »Reich Gottes«. In ihm ist es da, wer mit ihm verwächst, breitet es in der Menschheit aus.

Dieser »Bereich Gottes« kommt auf oftmals unbekannten und unplanbaren Wegen. Der Christus-Orpheus aber bedient sich für seinen rettenden Gesang der Lyra, welche der Kirchenlehrer Clemens die Kirche nennt.

Die Kirche ist nicht das »Reich Gottes« pur. Sie dient dessen Kommen. Und wenn es einmal gekommen ist, wird die Zeit der jetzigen Kirche zu Ende sein. Dann wird es nur noch die von den Kirchenvätern geschaute »allumfassende Kirche aller Geretteten« geben (vgl. Lumen gentium 3).

Nicht wenige Kirchenenttäuschte kümmern sich heute nur noch um das Kommen des Reiches Gottes. Sie dienen in ihrer Pastoral dem Evangelium, so sagen sie. Der Kirche trauen sie dabei nicht. Manchmal auch deshalb, weil sie mit ihr keine guten Innenerfahrungen haben, sondern nur noch die Außenansicht wahrnehmen und hier wieder nur auf die schattigen Seiten schauen. Auch die Kirche erkennt man aber in ihrer inneren Schönheit und Größe nur, wenn man sie mit den Augen des Herzens anschaut.

Empirisch ist auf den ersten Blick nur Vordergründiges erkennbar, wenngleich auch da schon sehr viel Licht zu sehen wäre: mehr als manche Kirchenenttäuschte wahrnehmen. Nur Liebende »erkennen«. Wer also die Kirche wirklich kennen lernen will, muss so etwas werden wie eine Kirchenliebhaberin, ein Kirchenliebhaber.[33] Das ist kein Weg zur Immunisierung begründeter Kirchenkritik. Denn im Erkennen werden auch die dunklen Seite deutlicher erkennbar. Sie werden dann aber in einer Art zugänglich, die auf dem Boden hoher Loyalität zu einer wachstumsförderlichen Kritik führt. Wer nicht kritisiert, wen er liebt, liebt nicht. Umgekehrt, wer liebt, kritisiert in förderlicher Weise.



**33** Zulehner, Paul M.: Für KirchenliebhaberInnen. Und solche, die es werden wollen, Ostfildern ³2000.

*Lebensbaum,*
*Mosaik (12. Jh.) in der Apsis von San Clemente, Rom*

Wir schicken uns nunmehr an, die verborgene Innenseite der Kirche zu meditieren. Dies geschieht in kritischer Loyalität zu ihr. Es wäre viel, würde auf diesem Weg bei vielen wieder so etwas wachsen wie ein tiefer Respekt vor der Kirche.

***Immanuel***

*So hat ER der Umscharte gesprochen:*
*In jenen Tagen ists,*
*da werden fassen zehn Männer*
*von allen Stämmewelt-Zungen,*
*anfassen den Rockzipfel eines jüdischen Mannes,*
*sprechend:*
*Mit euch wollen wir gehn,*
*denn, wir habens gehört,*
*Gott ist mit euch.*
(Sach 8,23)

Es ist um das Jahr 450 vor Christus. Das Volk Israel ist in einer ähnlich prekären Lage wie die Kirchen heute hierzulande: Es ist dezimiert, »entzehnt«, auf ein »Zehntel« herab verkleinert. Von den zwölf Stämmen Israels ist nur noch Juda genannt.

Für Israel war dies eine Lage, in der sie nicht über sich gejammert haben (wie wir heute in den Kirchen), sondern wo sie anfingen, mit Gott zu hadern: ‚Gott, wie stehst du vor den Heiden da, wenn die Lage deines Volkes so erbärmlich ist!'

Da beruft sich Gott den gar nicht so kleinen Propheten Sacharja. Er lässt durch ihn seinem Volk ein Hoffnungswort sagen. Zu berichten hat der Prophet, dass Gott selbst sich stark machen wird für sein Volk – und was sich dann ereignen wird »in jenen Tagen«, in denen er dem Volk seinen Messias senden wird.

Und das wird geschehen: Von überall her werden Menschen kommen. Eine Völkerwallfahrt (vgl. Jes 2,1–5; Mi 4,1–5) wird stattfinden:

*So hat ER der Umscharte gesprochen: Noch ists, daß Völker kommen, Insassen vieler Städte, und die Insassen der einen gehen zu einer andern, um zu sprechen: Den Gang wollen wir gehn, SEIN Antlitz zu sänftigen! und: IHN den Umscharten aufzusuchen gehen will auch ich! Sie kommen, viele Völker, mächtige Stämme, IHN den Umscharten aufzusuchen in Jerusalem, SEIN Antlitz zu sänftigen.*
(Sach 8,20–22)

Indem die Menschen aus Völkern aller Sprachen kommen, wird das Volk wieder in seiner zahlenmäßigen Größe hergestellt. Der Verlust von zehn (»dezimiert«) wird ausgeglichen (zehn kommen dafür dazu).

Diese zehn aus Völkern aller Sprachen werden einen aus Juda »anfassen den Rockzipfel eines jüdischen Mannes« – eine Formel, die in Israel jemanden in ein persönliches Schutzverhältnis brachte und kultfähig gemacht hat (Jes 4,1; 1 Sam 15,27).

Dann aber der Grund, warum die Menschen kommen. Sie vernehmen etwas. Eine Kunde verbreitet sich im Land (vgl. Lk 7,17). »Denn wir habens gehört« (Sach 8,23). Ein »Gerücht bekommt Beine« und läuft durchs Land. Ich habe es schon vor Jahren das »Gottesgerücht«[34] genannt.

Die zentrale Botschaft, die von Israel damals auszugehen hatte, heißt hebräisch einfach »Immanuel«. Es ist der kürzeste Name auch für jede christliche Kirche und die vielen Gemeinschaften und Gemeinden in ihr. Immanuel bedeutet »Gott ist mit uns«.

Das, was also die Menschen aus Völkern aller Sprachen an Israel anzieht und verlockt, hinzuströmen und mitzugehen ist einzig die verlässliche Kunde, dass an diesem Ort, in diesem Volk Gott anzutreffen ist. Einzig das macht die Kirche zum Volk Gottes – nicht nur, dass dieses Volk von Gott erwählt und geschaffen ist, sondern dass er mit ihm ist.

Es gab in den zurückliegenden Jahren Menschen, die so sehr mit den Dingen der Welt beschäftigt waren, dass sie aufgehört haben, Gott zu suchen. Heute gibt es immer noch solche, die in modernen Gesellschaften gotttaub sind. Zugleich aber nimmt die Zahl derer zu, die gerade in säkularen Gesellschaften sich auf einer religiösen Suche mit neuer Qualität befinden. Nach Jahren des Gottesfastens meldet sich ein Gotteshunger.

Erstaunlicher Weise finden bei dieser Suche viele Gotteshungrige nicht den Weg zu einer christlichen Kirche. Das stellt eine bittere Frage: Warum sind wir für die religiös Suchenden nicht die erste und beste Adresse? Warum ereignet sich nicht wieder, wie von Sacharja dem Volk Israel verheißen, dass die Menschen mit uns gehen? Könnte es gar sein, dass sie zwar Gott suchen, aber nicht

**34** Zulehner, Paul M.: Das Gottesgerücht. Bausteine für eine Kirche der Zukunft, Düsseldorf 1987.

annehmen, dass Gott mit uns ist? Das hieße, dass wir von ihnen nicht als »Immanuel« wahrgenommen werden, als Ort, wo Gott mit uns ist. Könnte es also sein, dass wir nach dem Zweiten Vatikanischen Konzil zwar das Volk gefördert haben, aber nicht Gottes Volk geworden sind? Gibt es womöglich, wie der Passauer Theologe und Pfarrer Joseph Fischer in seiner niederbayerisch starken Sprachgewalt formulierte, eine Art »ekklesialen Atheismus«?[35] Oder ist Gott bei uns so verschüttet und verborgen, dass er nicht »vorkommt«, nicht zum Vorschein kommt aus unseren Taten und aus unseren von Taten gedeckten Worten?

***Gottessehnsucht***

*Gott! mein Gottherr bist du, ich sehne dich herbei.*
*Meine Seele hat nach dir gedürstet, mein Fleisch ist*
*fahl worden nach dir im Heideland, matt, ohne Wasser.*
*So habe ich im Heiligtum dich erschaut,*
*deine Macht und deine Ehre zu sehen,*
*denn besser ist deine Huld als das Leben:*
*meine Lippen dürfen dich loben.*
*So will ich in meinem Leben dich segnen,*
*mit deinem Namen heben meine Hände.*
*Wie an Fett und Mark wird meine Seele ersatten,*
*jubelnder Lippen preist dann mein Mund.*
*Gedenke auf meinem Lager ich dein,*
*in Nachtwachen murmle ich dir zu.*
*Denn du bist mir Hilfe gewesen,*
*im Schatten deiner Flügel habe ich gejubelt.*
*Nachgehangen dir hat meine Seele,*
*mich hat deine Rechte gehalten.*
(Ps 63,2–9)

Immer noch bewegen wir uns im Rahmen der messianischen Verheißung des Propheten Sacharja: Menschen



**35** Zulehner, Paul M./Fischer, Joseph/Huber, Max: Sie werden mein Volk sein, Düsseldorf 1985, 20–37.

*Purpurner Aufstieg,*
*Kommentur zum Hohenlied,*
*Reichenau, 10. Jh.*

aus Völkern aller Sprachen sind hinter Juda her, weil sie hören, dass Gott mit ihnen ist.

Was aber lässt sie suchen? Was treibt sie hin zu jenem Volk, in dem sie hoffen, auf Gott zu stoßen, weil sie hören, dass Gott dort mitzieht?

Die Antwort christlicher Theologie ist knapp und elementar: Jeder Mensch ist im Grund seines Wesens ein Gottsucher. Er ist streng genommen gottbedürftig.

Christliche Theologie[36] erklärt das, indem die Grundaussagen der wichtigsten theologischen Traktate verknüpft werden:

- Die Lehre vom dreifaltigen Gott: Gott ist in sich überreiche Liebe.
- Die Lehre von der Schöpfung: Gott verschenkt sich an jemanden, der er selbst nicht ist. Und indem er sich verschenkt, bringt er die Schöpfung hervor und schafft in ihr den Menschen.
- Die Lehre vom Menschen: Damit der Mensch gottempfänglich sein kann, muss etwas von Gott in ihm lebendig sein. Er ist in seinem innersten Wesen auf Gott ausgerichtet. Erfahrbar zum Vorschein kommt seine Gottessehnsucht darin, dass er immer nach mehr aus ist, als stattfindet, dass seine Rechnungen immer offen bleiben. Die Entsprechung für des Menschen offenbleibende maßlose Sehnsucht ist die Sehnsucht des maßlosen Gottes nach dem Menschen.
- Die Lehre von Jesus Christus: In Jesus, einem von uns, hat Gott angefangen, mit seiner Schöpfung unwiderruflich ans Ende zu kommen (1 Kor 10,11; Lumen gentium 48). In ihm ruht Gott am Herzen der Menschheit. Er ist gleichsam das Herz der Welt geworden, in dem bislang Tod und Vergeblichkeit wohnten.[37]
- Die Lehre von der Kirche: Sie gibt es, damit die Menschheit nicht mehr in die Zeit dessen zurückfällt, was in Jesus Christus durch Gott geschehen ist. Vielmehr bedient



**36** Rahner, Karl: Grundkurs des Glaubens. Einführung in den Begriff des Christentums, Freiburg 1976.
**37** Rahner, Karl: Kleines Kirchenjahr (über Ostern), München 1954, 84–92.

sich Gott ihrer, um das sichtbar zu machen und voranzutreiben, was er »Großes an uns getan hat«.

Der Psalm 63 fängt dieses gläubige Bild vom Menschen ein. Gedichtet ist dieses Lied von König David, als er in der Wüste war – Wüste als bevorzugter Ort der Gottferne und der Gottsuche.

Für die christliche Kirche ist dieser Psalm ein herausragendes Gebet. Bei der Reform des Stundengebets im Gefolge des Zweiten Vatikanischen Konzils wurde deshalb dieser Psalm in die erste Laudes der ersten Woche gesetzt. Er ist gleichsam die Überschrift über alles Beten der Kirche. Die Kirche erweist sich darin als eine Gemeinschaft von gottsuchenden Menschen. Insgeheim umfasst sie darin aber alle Menschen. Das ist der Grund ihrer Weite. Zugleich aber hat sie die Aufgabe, diese verschüttete Gottsuche in allen Menschen zu »heben«.

Kommt jemand mit seiner Gottsuche voran, dann fängt er an, »im Geheimnis Gottes daheim zu sein«. Sie wird Geheimnisbewohnerin, er wird Geheimnisbewohner. Mit einem anderen Wort: Er wird ein Mystiker, sie wird eine Mystikerin.

Der Christ der Zukunft wird ein Mystiker sein. Oder er wird nicht sein, so Karl Rahner wiederholt am Ende seines Lebens.

Was wir daher brauchen, ist eine Art »Mystik« für AnfängerInnen. Zugleich braucht es erfahrene BegleiterInnen. Sie lehren uns in ihrer mystagogischen Kraft, unserem Leben auf den Grund zu gehen. Eine Art Grundkurs[38] kommt in Gang, bei dem auch vieles am alten Menschen zugrunde gehen wird. Aber wir werden dann hingelangen vor jenes Geheimnis, welches unser Leben im Grund immer schon ist.

Worum es geht, drückt das Bild der »kleinen heiligen Schrift« gut aus. Es gilt lesen zu lernen in jedem Lebens-

**38** Zulehner, Paul M./Fischer, Joseph/Huber, Max: Sie werden mein Volk sein. Grundkurs gemeindlichen Glaubens, Düsseldorf 1985. – Zulehner, Paul M.: Grundkurs gemeindlichen Glaubens. Ein Arbeitsbuch, Düsseldorf 1992.

text, den Gott in seiner Liebe mit mir schreibt, und die Antwort, die ich darauf gebe. Dazu ist es hilfreich, in sein eigenes Lebenshaus, seine Lebensgeschichte einzukehren und dort Gott auf die Spur zu kommen, aufzuspüren. Dann kann auch jene Frage gelernt werden, welche die ignatianischen Exerzitien durchzieht: Gott, was traust du mir in meinem Leben zu? Was mutest du mir auch zu, damit deine Kirche leben und handeln kann?

Bei all diesen mystagogischen Vorgängen ist festzuhalten, dass all unser pastorales Tun »von außen« vergeblich ist, wenn nicht Gott selbst »von innen« wirkt. Das enthält aber zugleich das verlässliche Wissen, dass Gott in jedem Menschen »von innen« am Werk ist. Die Freiheitsgeschichte jedes Menschen ist zugleich eine Art »kleine Offenbarungsgeschichte Gottes« im Leben eben dieses Menschen. Darauf verweist folgender Bericht aus der Apostelgeschichte:

*Auch eine Frau namens Lydia, eine Purpurhändlerin aus der Stadt Thyatira, eine Gottesfürchtige, hörte zu. Und der Herr öffnete ihr Herz, sich auf das von Paulus Gesagte einzulassen.*
(Apg 16,14)

## Für mehr als mich

Ich bin ein Sucher
Eines Weges
Zu allem was mehr ist
Als
Stoffwechsel
Blutkreislauf
Nahrungsaufnahme
Zellenzerfall.

Ich bin ein Sucher
Eines Weges
Der breiter ist
Als ich.

Nicht zu schmal.
Kein Ein-Mann-Weg.
Aber auch keine
Staubige, tausendmal
Überlaufene Bahn.

Ich bin ein Sucher
Eines Weges.
Sucher eines Weges
Für mehr
Als mich.

Günter Kunert

### *Gottesgefahr statt Wortdurchfall*

*Wie Musik zur Trauer ist eine Rede zur falschen Zeit.* (Sir 22,3)

Gott schafft selbst sein Volk. Er ist es auch, der es ständig reformiert, indem er es neu schafft. Der bevorzugte Ort solcher »Ekklesiogenese«, solchen Werdens der Kirche ist die Feier der Eucharistie.

Schon weiter oben habe ich beschrieben, dass es Gottes Geist ist, der nicht nur die Gaben verwandelt hinein in einen »Leib, hingegeben«, in das »Blut, vergossen« für die Welt. Wir selbst sind die Gaben, die gewandelt werden. Eucharistiefeier ist somit eine gefährliche Angelegenheit. Wir begeben uns, wenn wir wirklich in sie eintreten, in »Gottesgefahr«[39].

Die Erfahrung vieler, die sich am Sonntag in einem christlichen Gottesdienst versammeln (genauer, die Gott zusammenruft), geht aber nicht selten in eine andere Richtung. Sie erleben eine Art Misshandlung durch einen durch nichts beeinflussbaren und damit auch unstörbaren Liturgen.

Häufig setzen Liturgen jene, die zum Gottesdienst kommen, auf eine katechetische Schulbank. Nicht nur, dass sie in ihrer Predigt das Wort Gottes ethisieren und damit verseichten. Sie untermalen und stören damit die Feier durch ständige Wortuntermalungen. Vier- bis fünfmal ergreifen Liturgen erklärend das Wort.

Oftmals komme ich mir, an solchen Gottesdiensten mitfeiernd, vor wie jemand, der eine Fahrt machen will, dem aber ständig das Auto erklärt wird. Ich fühle mich wie vor einer Wanderung, für welche die Landkarte studiert wird, aber das Wandern unterbleibt. Es wird unablässig – um die durchaus gefährlichen Bilder zu verlassen – über Gott geredet, statt dass Gott handeln kann. Geschieht dies, um der Gottesgefahr zu entgehen? Die Gottesgefahr



39 Zulehner, Paul M.: Gottesdienst als Menschendienst. In: Diakonia 30 (1999) 134–138.

verkommt dann zum banalen »Gottesgeschwätz«, das nicht auszuhalten ist – so eine 17-jährige Näherin über ihre Gottesdiensterfahrungen.

Liturgen scheinen unter Wort-Durchfall zu leiden.[40] Oder wenn das griechische Wort leichter anzunehmen ist: Sie leiden unter einer liturgischen Logorrhöe. Die Leidtragenden sind die Menschen, die zusammenkommen, um Gotteserfahrung aus erster Hand zu machen. Statt solche Gotteserfahrung zu eröffnen, wird sie durch die »Überwortung« der Liturgie verhindert. Es hat den Anschein, als würden nicht wenige Liturgen dem Ereignis, dem Ritual nicht mehr trauen.

Ins Positive gewendet: Die Liturgen brauchen eine neue »ars celebrandi«, eine Kunst, mit gläubigem Herzen eine Liturgie zu »inszenieren«. Sie würde es ihnen erleichtern, das Geschehen der Liturgie als einen Raum zu eröffnen, der »gottvoll und erlebnisstark«[41] ist. Das hieße, das Wort zurückzunehmen, wortkeusch zu werden. Räume gottgefüllter Stille wären zu eröffnen. Ich merke es einem Liturgen schon in den ersten fünf Minuten an, was in ihm vorgeht.

Vielleicht feiern, wegen des Mangels an »Priestern in Ruf- und Reichweite«, Priester längst zu viele Eucharistiefeiern. Aber ist es das allein?

## Diakonie: Menschenentfesselung

*ER aber sprach: Gesehn habe ich, gesehn die Bedrückung meines Volks, das in Ägypten ist, ihren Schrei vor seinen Treibern habe ich gehört, ja, erkannt habe ich seine Leiden.*
*Nieder zog ich, es aus der Hand Ägyptens zu retten, es aus jenem Land hinaufzubringen nach einem Land, gut und weit, nach einem Land, Milch und Honig träu-*

**40** Zulehner, Paul M.: Wie Musik zur Trauer ist eine Rede zur falschen Zeit. Wider den kirchlichen Wort-Durchfall, Ostfildern ²1998.
**41** Gott und den Menschen nah. Passauer Pastoralplan 2000, Passau 2000.

*fend, nach dem Ort des Kanaaniters und des Chetiters, des Amoriters und des Prisiters, des Chiwwiters und des Jebussiters.*
*Nun, da ist der Schrei der Söhne Jissraels zu mir gekommen, und gesehn auch habe ich die Pein, mit der die Ägypter sie peinigen:*
*O nun geh, ich schicke dich zu Pharao, führe mein Volk, die Söhne Jissraels, aus Ägypten!*
(Ex 3,7–10)

*»Wer in Gott eintaucht, taucht neben den Armen auf.«* Diese Regel gläubigen Lebens kann mit Hilfe eines biblischen Textes eingeübt werden, der zur Zeit der wohl meistgelesene Text der Heiligen Schrift in den christlichen Kirchen ist: der Bericht über die Befreiung Israels aus der Sklaverei in Ägypten im dritten Kapitel des Buches Exodus.

Dieser Text berichtet über die Art, wie Gott zu den Unterdrückten ist. Wenn nun jemand mystisch mit Gott verwächst, gleichsam gottförmig, gottvoll wird, dann springt unweigerlich Gottes Art mit den Unterdrückten zu sein, auf ihn über. Geschieht dies nicht, dann wird darin offenbar, dass jemand eben doch gott-los und nicht gottvoll ist.

Wie Gott ist, so Exodus 3, kann am besten mit dem Eigenschaftswort »hochpolitisch« gefasst werden. Dabei verstehe ich unter Politik, sich stark zu machen für mehr Gerechtigkeit unter den Menschen und zwischen den Völkern.

### *Gott ist hochpolitisch*

Gottes Politik lässt sich anhand des biblischen Befreiungsberichts so beschreiben:

- Gott sieht und hört. Stärker als in der Einheitsübersetzung[42] heißt es im hebräischen Text: »Gesehn habe ich,

**42** So wird in dieser übersetzt: *»Der Herr sprach: Ich habe das Elend meines Volkes in Ägypten gesehen, und ihre laute Klage über ihre Antreiber habe ich gehört. Ich kenne ihr Leid.« (Ex 3,7)*

*Durchzug durchs Rote Meer,*
*Sammelhandschrift aus Nordostfrankreich,*
*um 1280*

gesehn.« Sehen und Hören werden verdoppelt; dadurch geschieht eine Verstärkung. Gott ist, so die Botschaft, »Aug und Ohr« für den Schrei der Unterdrückten. Charakteristisch für Gott ist das Hinschauen, nicht das Wegschauen. Noch einmal zugespitzt wird dieses Wahrnehmen von Leid und Unterdrückung durch Gott, indem es heißt: »Ich kenne ihr Leid.« Gott ist leidempfindlich.

- Gott steigt herab, führt heraus, entreißt. Gott setzt sich ein, er bezieht eindeutig Stellung. Er stellt sich auf die Seite der Unterdrückten. In der Sprache der lateinamerikanischen Kirche lautet dies: Er optiert, er trifft eine vorrangige Option für die Armen und Unterdrückten.
- Gott trachtet danach, dass auch etwas zu Gunsten der Unterdrückten geschieht. »Jetzt geh«, ist sein Auftrag an Mose, »ich sende dich zum Pharao, führe mein Volk aus Ägypten heraus.«

Mose bleibt nicht der einzige, der sich von Gott zu den Unterdrückten gesandt weiß und entsprechend handelt. Der Evangelist Lukas setzt an den Beginn seines Berichts über das öffentliche Wirken eine Art summary, eine Zusammenfassung. Es ist »Jesu Primizpredigt«. Auch diese gehört zu den vielgelesenen Texten der Heiligen Schrift in der Weltkirche. Insbesondere in den armen Regionen der Weltkirche erfreut er sich – zusammen mit Exodus 3 – großer Beliebtheit und spendet ebenso Trost wie er zu entsprechendem Handeln anspornt:

*So kam er nach Nazaret, wo er aufgezogen worden war, und ging nach seiner Gewohnheit am Sabbattag in die Synagoge. Und er stand auf, um vorzulesen. Und es wurde ihm das Buch des Propheten Jesaja gegeben. Er öffnete das Buch und fand die Stelle, wo geschrieben ist:*

*Geist des Herrn ist auf mir,*
*weil er mich gesalbt:*
*Armen Heilsbotschaft zu bringen,*
*hat er mich gesandt.*
*Gefangenen Freilassung zu künden,*
*Blinde aufblicken zu lassen,*
*Unterjochte in Freilassung zu senden,*
*anzukündigen das Jahr, das willkommen ist dem Herrn.*

*Dann rollte er das Buch zusammen, gab es dem Synagogendiener zurück und setzte sich. Und aller Augen in der Synagoge waren ihm zugewandt. Da fing er an, ihnen zu sagen: Heute ist erfüllt worden dieses Schriftwort, das ihr in den Ohren habt.*
(Lk 4,16–21)

***Politische Diakonie***

Mystiker tauchen in Gott ein. »Denn in ihm leben wir und bewegen wir uns und sind wir« und werden dadurch »seiner Art« (Apg 17,28). Wenn nun Gott selbst hochpolitisch ist, dann springt seine Art auch auf jene über, die mystisch in ihn eintauchen. Christlicher Glaube macht politisch:

- Gläubige Menschen, gläubige Gemeinden zeichnen sich aus durch Wahrnehmen und Hinschauen. Weil sie gottvoll sind, sind sie auch leidempfindlich. Gottvergessenheit hingegen verleitet dazu, leidunempfindlich zu werden (Johann B. Metz u. a.[43]). Von Gläubigen und gläubigen Gemeinden lässt sich im wünschenswerten Idealfall sagen: »Ich kenne ihr Leid.« Das ist Trost für die Menschen, die in und um gläubige Gemeinden leben. Sie können hoffen, dass sie nicht übersehen werden, wenn sie in Not geraten und niemanden haben.

**43** Gotteskrise – Menschenkrise – Kirchenkrise. Fachtagung in Gösing im Rahmen des Dialogs für Österreich vom 6.–8. 9. 1998, in: Zulehner, Paul M.: Für KirchenliebhaberInnen. Und solche, die es werden wollen, Ostfildern [3]2000, 38–49, hier 43.

- Gläubige und gläubige Gemeinden beziehen einen Standort. Konsequenter Weise schrieben 1977 die katholischen Bischöfe Südafrikas angesichts der Unterdrückung der schwarzen Bevölkerung durch das Apartheidregime: »We are on the side of the oppressed.« Zumindest sollten Glaubende wissen, auf welcher Seite sie stehen, auch wenn sie zur Zeit Unrecht nicht beseitigen können.
- Schließlich braucht es das ganz konkrete Engagement der Gläubigen und gläubiger Gemeinden. Jetzt geh, ich sende dich, gilt nicht nur für Mose, nicht nur für Jesus, sondern auch für die christlichen Kirchen heute. Durch sie hindurch verwirklicht Gott seine Option für die Unterdrückten, die Armgemachten. Der dienende Einsatz der Glaubenden kennt zwei Varianten. Glaubende versuchen, die Opfer des Unrechts zu versorgen, sie mühen sich aber auch, künftige Opfer des Unrechts zu vermeiden. Das eine ist die helfende Diakonie, die helfende Caritas, die andere die politische.

Die wichtigste Form der Nächstenliebe ist die Politik, so Paul VI. 1971. Eine Aufgabe, die nicht erledigt sein wird.

*Denn nicht werden Dürftige aufhören im Innern des Landes, darum gebiete ich dir, sprechend: Öffnen sollst, öffnen deine Hand du deinem Bruder, deinem Gebeugten, deinem Dürftigen, in deinem Land!*
(Dtn 15,11)

*Die Armen habt ihr allezeit bei euch, mich aber habt ihr nicht allezeit.*
(Mt 26,11)

### Sünden, die zum Himmel schreien …

Der Text aus Exodus 3 zählt zu einem Bündel von Schriftstellen, die in der katechetischen Tradition zu den »himmelschreienden Sünden« zusammengefasst worden sind. *»Die katechetische Tradition erinnert auch daran, dass es himmelschreiende Sünden gibt. Zum Himmel schreien das Blut Abels, die Sünde der Sodomiten, die laute Klage des in Ägypten unterdrückten Volkes, die Klage der Fremden, der Witwen und Waisen und der den Arbeitern vorenthaltene Lohn.«* (Katechismus der Weltkirche Nr. 1867) In diesen biblischen Berichten verbirgt sich wie ein roter Faden eine Theologie des Schreies, den Gott hört und zum Einsatz für jene bewegt, die zu ihm schreien.

Petrus Canisius hat in seinem Catechismus aus dem Jahr 1650 diese Sünden in einem Merkvers zusammengestellt:

Clamitat ad coelum vox sanguinis et Sodomorum; vox oppressorum, merces detenta laborum.[44]

Das sind nun die Texte zu den einzelnen »himmelschreienden Sünden«:

### Der Brudermord

*ER sprach zu Kajin: Wo ist Habel dein Bruder? Er sprach: Ich weiß nicht. Bin ich meines Bruders Hüter? ER aber sprach: Was hast du getan! die Stimme des Geblüts deines Bruders schreit zu mir aus dem Acker.*
(Gen 4,9–10)

### Die Verletzung des Gastrechts

*Die zwei Boten kamen nach Sodom am Abend. Lot aber saß eben im Tore von Sodom. Lot sah auf, erhob sich ihnen entgegen und verneigte sich, Stirn zur Erde, und sprach: Wohlan doch, meine Herrn, biegt doch ab ins Haus eures Knechts, nächtigt, badet eure Füße, frühmorgens mögt ihr eures Weges gehn. Sie sprachen: Nein, sondern auf der Straße nächtigen wir. Er aber drang*

**44** Canisius, Petrus: Catechismus, Köln 1560, 195.

*heftig in sie, so bogen sie zu ihm ab und kamen in sein Haus. Er machte ihnen ein Trinkmahl, buk Fladen, und sie aßen. Kaum daß sie sich legen wollten, hatten die Männer der Stadt, die Männer von Sodom, das Haus umringt, vom Knaben zum Alten, alles Volk bis vom Ende her, die riefen nach Lot und sprachen zu ihm: Wo sind die Männer, die die Nacht zu dir kamen? gib sie uns heraus, wir wollen sie erkennen! Lot begab sich zu ihnen hinaus an den Einlaß, die Tür verschloß er hinter sich, und sprach: Übt doch nimmer Arges, meine Brüder! Da, ich habe doch zwei Töchter, die noch keinen Mann kennen, die gebe ich euch doch heraus, tut an ihnen, was euern Augen gutdünkt; nur diesen Männern tut nichts, denn warum sonst wären sie unter den Schatten meines Gebälks gekommen! Sie aber sprachen: Tritt beiseit! und sprachen: Kam da der eine zu gasten und will nun rechten und richten?! an dir üben wir nun noch Ärgres als an ihnen. Sie drangen heftig gegen den Mann, gegen Lot ein und traten herzu, die Tür aufzubrechen. Aber die Männer schickten ihre Hand aus, bekamen Lot zu sich ins Haus, und die Tür verschlossen sie; und die Männer, die am Einlaß des Hauses waren, vom Kleinsten bis zum Größten, schlugen sie mit Blendung, die ermüdeten sich, den Einlaß zu finden. Die Männer sprachen zu Lot: Hast du wen noch hier, einen Eidam, Söhne, Töchter? alle die dein sind in der Stadt führe zum Ort hinaus! denn wir sind daran diesen Ort zu verderben, denn der Klageschrei über sie wuchs groß vor IHM, und ER schickte uns, sie zu verderben.*
(Gen 19,1–13)[45]

## Die Unterdrückung des Volkes in Ägypten

*ER aber sprach: Gesehn habe ich, gesehn die Bedrückung meines Volks, das in Ägypten ist, ihren*

**45** Das Gastrecht ist im Alten Orient so heilig, dass Lot notgedrungen lieber die Preisgabe seiner Töchter wählt, als dass er seine Gäste preisgibt (vgl. Ri 19,24f).

*Schrei vor seinen Treibern habe ich gehört, ja, erkannt habe ich seine Leiden. Nieder zog ich, es aus der Hand Ägyptens zu retten, es aus jenem Land hinaufzubringen nach einem Land, gut und weit, nach einem Land, Milch und Honig träufend, nach dem Ort des Kanaaniters und des Chetiters, des Amoriters und des Prisiters, des Chiwwiters und des Jebussiters. Nun, da ist der Schrei der Söhne Jissraels zu mir gekommen, und gesehn auch habe ich die Pein, mit der die Ägypter sie peinigen: O nun geh, ich schicke dich zu Pharao, führe mein Volk, die Söhne Jissraels, aus Ägypten!*
(Ex 3,7–10)

Unterdrückung der Fremden, Witwen und Waisen

*Einen Gastsassen placke nicht, quäle ihn nicht, denn Gastsassen wart ihr im Land Ägypten! Eine Witwe oder Waise sollt ihr allweil nicht bedrücken. Weh, bedrückst du, bedrückst du sie! Denn schreit sie, schreit auf zu mir, höre ich, hör ihren Schrei, mein Zorn entflammt und ich bringe euch um durch das Schwert, dann sind eure Frauen Witwen, eure Kinder Waisen!*
(Ex 22,20–23)

Der den Arbeitern vorenthaltene Lohn

*Nun zu euch, ihr Reichen: Heult, schreit über das Elend, das auf euch zukommt. Euer Reichtum ist modrig, und eure Obergewänder sind Mottenfraß geworden. Euer Gold und Silber ist verrottet, und ihr Rost wird zum Zeugnis gegen euch sein und euer Fleisch wie Feuer verzehren. Schätze gehortet habt ihr noch in den letzten Tagen. Da! Der Lohn der Arbeiter, die eure Ländereien gemäht, der von euch vorenthaltene Lohn schreit, und die Klagerufe der Erntenden sind ins Ohr des Herrn in Scharen gekommen. Ge-*

*schwelgt habt ihr auf Erden und geprasst, gemästet eure Herzen als Schlachttag war; verurteilt, gemordet habt ihr den Gerechten. Er widersteht euch nicht.* (Jak 5,1–6)

### Im Kontext des Wohlstands

Im Kontext des wachsenden Wohlstands verschwindet das Wissen um die »himmelschreienden Sünden« aus dem Kirchenalltag (aus der Verkündigung, aus der Moraltheologie, aus der Bibeltheologie, aus den einschlägigen Lexika). Wir finden sie marginal nur noch in der Katholischen Soziallehre.

Dennoch hätte diese Tradition heute erhöhte Aktualität. Klagen nicht immer mehr Menschen über Unterdrückung, dringt nicht ihr Schrei auch heute zum Himmel? Die Liste der Menschen, Gruppen und Völker in Leidensgeschichten ist lange. Ich greife heraus: Frauen, alleinerziehende Männer und Frauen, jene, die unter einer Obdachlosigkeit der Seele leiden, Ungeborene und Sterbende, Fremde, Behinderte, gleichgeschlechtlich Liebende, Stigmatisierte bei uns (wen will man heute nicht als Nachbarn haben?), auch die geschundene Mitwelt.

# Koinonia: Geschwisterlichkeit

Bildlich gesprochen sind Glaubende und gläubige Gemeinden wie ein Baum: Sie treiben Wurzeln und sie wachsen, sie bringen also Frucht hervor. Wurzeln, das ist die Mystik, die auch Gottesverwurzelung genannt werden kann. Treibt ein Glaubender, eine gläubige Gemeinschaft die Lebenswurzeln tief in Gottes Geheimnis hinein, dann wächst dieser Baum und trägt Früchte.

Die eine Frucht, die helfende und die politische Diakonie, kann auch als Menschenentfesselung bezeichnet werden. Es ist ein gottartiges Füreinander, ein Eintreten für die Armgemachten, auf deren Schrei der Glaubende wie Gott hört.

Die andere Frucht ist ein gottartiges Miteinander. In der christlichen Tradition stehen dafür mehrere Namen: griechisch koinonia, lateinisch communio. Im Deutschen galt es lange Zeit als Errungenschaft, dass in einer hierarchisch geordneten Kirche rund um das Zweite Vatikanische Konzil die »Brüderlichkeit« wiederentdeckt[46] wurde, die in der jungen Christenheit ein Wesenmerkmal der gläubigen Gemeinde war, dann aber ab dem dritten Jahrhundert in Vergessenheit geriet. Heute, wo wir auch eine frauengerechte Sprache suchen, steht dafür der Begriff der »Geschwisterlichkeit«. Im Folgenden wird skizziert, wie die Kultur einer christlichen Koinonia aussieht.

*Petrus fing an, ihm zu sagen: Wir da! Wir haben alles fahren lassen und sind dir gefolgt. Sagt Jesus: Wahr ist's ich sage euch: Keiner ist, der Haus oder Brüder oder Schwestern oder Mutter oder Vater oder Kinder oder Äcker um meinet- und um der Heilsbotschaft willen hat fahren lassen, ohne dass er Hundertfaches empfinge, jetzt in dieser Zeit: Häuser und Brüder und*

*Geistsendung,*
*westfälisch, um 1380*

*Schwestern und Mütter und Kinder und Äcker – auch wenn er gejagt wird; und in der kommenden Weltzeit: unendliches Leben.*
(Mk 10,28–30)

Zunächst zeigt dieser Text, dass seinen Lebensschwerpunkt verlagert, wer Christ, Christin wird.

- Die Herkunftsfamilie tritt zurück, wird »verlassen«, mit ihr das Haus und Äcker, Vater, Mutter, Kinder, Brüder, Schwestern.
- Dafür werden gewonnen an einem neuen Lebensort Häuser und Äcker, Kinder und Mütter – aber keine Väter – sowie Brüder und Schwestern. Und zu all dem hinzu »ewiges Leben, wenn auch unter Verfolgungen«.
- Vater gibt es keinen, weil an dem neuen Lebensort Gott selbst das bergende Lebenszentrum ist und damit nach den Vorstellungen in Israel er selbst die Vaterstelle einnimmt. Daher wird konsequent gefordert:

*Ihr aber – lasst euch nicht »Rabbi« heißen. Denn einer ist euer Lehrer, ihr aber seid alle Brüder. Und: »Vater« – heißt euch nicht so, ihr auf Erden. Denn nur einer ist euer Vater – der himmlische. Auch Lehrmeister lasst euch nicht heißen. Denn euer Lehrmeister ist nur einer – der Messias.*
(Mt 23,8–10)

Die Mütter können nach alten Vorstellungen der frühchristlichen Tradition als Glaubensmütter gesehen werden, Gemeinschaften, in denen man also eine Glaubensschwangerschaft machen kann. Dem entsprechen die Kinder als Glaubenskinder, die noch keine feste Speise vertragen, von denen sich aber Paulus wünscht, dass sie doch bald im Glauben erwachsen werden möchten.

*Und so habe ich zu euch, Brüder, nur wie zu Fleischgeborenen – zu solchen, die im Eins-Sein mit dem Messias unmündig sind – nicht wie zu Geistgeborenen reden können. Milchtrank gab ich euch, nicht Essen. Ihr vertrugt es ja noch nicht, und ihr vertragt es auch jetzt noch nicht. Denn noch seid ihr fleischverhaftet. Solange es Eifersucht und Streitsucht bei euch gibt – seid ihr da nicht fleischverhaftet und geht den Weg nach Menschenart?*
(1 Kor 3,1–3; ähnlich Hebr 5,12–14)

- Bleiben in einer erwachsen gewordenen gläubigen Gemeinschaft nur noch Schwestern und Brüder. Das ist theologisch folgerichtig. Denn wer mystisch in Gott eintaucht, wird aus ihm wiedergeboren. Das macht alle, die eintauchen, zu »Kindern Gottes«, zu Söhnen und Töchtern Gottes. Untereinander sind sie damit gottverwandte Schwestern und Brüder.

Aus solchen bibeltheologischen Meditationen ergeben sich einige Folgerungen für eine entsprechende »Kultur der Geschwisterlichkeit«:

- Dazu gehört die fundamentale Gleichheit aller. »Auf Grund der Wiedergeburt in Jesus Christus herrscht unter allen Gläubigen eine wahrhafte Gleichheit an Würde und Berufung« (Lumen gentium 32, c. 208 CIC). In dieser radikalen Gleichheit gilt:

*Da gibt es keinen Juden noch Griechen, da gibt es keinen Sklaven noch Freien, da gibt es kein Männliches und Weibliches. Denn alle seid ihr Einer – im Messias Jesus.*
(Gal 3,28)

- Zur Kultur glaubensbegründeter Geschwisterlichkeit gehört auch das Prinzip der Teilhabe, der Partizipation.

Es stellt sicher, dass der fundamentalen Würde aller dadurch gerecht wird, dass sie nicht wie Fälle, Mitglieder, Objekte behandelt werden. Die Regel lautet: »Keine Entscheidung ohne die von der Entscheidung Betroffenen!«

- Sodann folgt aus der Verbundenheit in Gott eine lebensmäßige Verbindlichkeit. Die, der Einzelne in einer gläubigen Gemeinschaft trägt zu ihrem Leben und Tun wirksam bei: durch Beteiligung am Gottesdienst des Volkes (griechisch leitourgia = Tun des Volkes), durch die Übernahme von Diensten, die den eigenen geistgeschenkten Begabungen entsprechen, durch kritische Loyalität, durch den Beitrag zu den finanziellen Erfordernissen, durch ein in Würde gläubig getragenes Leid.
- Auch die Fähigkeit, in kooperativer Weise Konflikte auszutragen, zählt zur Kultur der Geschwisterlichkeit. Glaubende Gemeinden zeichnen sich nicht dadurch aus, dass sie Konflikte unter den Teppich kehren und eine schädliche Konfliktscheu praktizieren. Charakteristisch ist die Austragung von Konflikten. Matthäus stellt dafür eine wichtige Regel zur Verfügung:

*Wenn dein Bruder sich gegen dich versündigt, so geh und weise ihn zurecht zwischen dir und ihm allein! Hört er auf dich, so hast du deinen Bruder gewonnen. Hört er aber nicht, so nimm dir noch einen anderen oder zwei dazu, damit jedes Ding stehe auf zweier oder dreier Zeugen Mund. Hört er aber an ihnen vorbei, so sprich zur Gemeinde. Hört er aber auch an der Gemeinde vorbei, so gelte er dir gleichviel wie einer aus den Völkern und ein Zöllner.*
(Mt 18,15–17)

- Schließlich fordert die Bibel für gläubige Gemeinschaften eine Machtkultur. Dabei wäre es ein fatales Missverständnis, gäbe es im Namen der »Geschwisterlichkeit«

eine Art Leitungsverweigerung. Es entstünde ein Machtvakuum, das den Starken nützte und die Schwachen benachteiligte. Auch in der gläubigen Gemeinschaft ist Macht gegeben zu Gunsten des Gemeinwohls – abgesehen von jener geistlichen Vollmacht, die Gottes Handeln an den Menschen sinnenhaft darstellt. Macht ist daher gemeinwohlpflichtig auszuüben, oder wie Lukas schreibt: Obere haben zu dienen wie Ober im Wirtshaus.

*Und es geschah: Ein Streit entstand unter ihnen, wer als ihr Größter zu gelten habe. Er aber sprach zu ihnen: Die Könige der Völker sind deren Herren, und ihre Großmachthaber werden »Wohltäter« genannt. Aber ihr – nicht so! Vielmehr: Der Größte bei euch werde wie der Jüngste, und der Fürst wie der Dienende. Denn: Wer ist größer – der zu Tisch liegt oder der dient? Nicht der zu Tisch liegt? Ich aber bin in eurer Runde wie der Dienende.*
(Lk 22,24–27)

# Abendmahl und Fußwaschung

*Abendmahl und Fußwaschung,*
*Perikopenbuch Kaiser Heinrich II.,*
*um 1000*

*Der Becher der Preisung, über den wir die Preisung sprechen, ist er nicht Gemeinschaft im Blut des Messias? Das Brot, das wir brechen, ist es nicht Gemeinschaft im Leib des Messias? Weil da ein Brot ist, sind auch ein Leib: wir – die Vielen. Wir haben ja alle Anteil an dem einen Brot. Blickt auf das Israel dem Fleisch nach: Sind die, welche die Opfer essen, nicht Teilhaber am Opferaltar? Was also sage ich: »Das Götzengeschlachtete ist etwas?« Oder: »Der Götze ist etwas?«*
(1 Kor 10,16–19)

*Denn genau wie der Leib eine Einheit ist und dabei viele Glieder hat, alle Glieder des Leibes aber – sind es ihrer auch viele – doch nur ein Leib sind, so auch der Messias. In dem einen Geiste wurden ja wir alle in den einen Leib hineingetauft, ob Juden oder Griechen, ob Sklaven oder Freie. Und so wurden wir alle mit dem einen Geist durchtränkt. Denn auch der Leib besteht ja nicht aus einem Glied, sondern aus vielen. Wenn der Fuß spräche: Weil ich nicht Hand bin, gehöre ich nicht zum Leib – nein, das ist kein Grund, nicht zum Leib zu gehören.*
*Und wenn das Ohr spräche: Weil ich nicht Auge bin, gehöre ich nicht zum Leib – nein, das ist kein Grund, nicht zum Leib zu gehören. Wäre der ganze Leib Auge, wo bliebe das Gehör? Wäre alles Gehör, wo bliebe der Geruch? Nun aber hat Gott die Glieder – ihrer jedes – im Leib so eingesetzt, wie er es gewollt. Wäre das Ganze ein Glied, wo bliebe der Leib? Also gilt: Viele Glieder – ein Leib. Das Auge kann nicht zur Hand sprechen: Ich brauche dich nicht; oder wiederum der Kopf zu den Füßen: Ich brauche euch nicht. Im Gegenteil: Gerade die schwächer erscheinenden Glieder des Leibes sind notwendig. Und was uns am Leib verachtenswert erscheint, das umkleiden wir mit umso größe-*

*rer Ehre. Und das Missfällige an uns erhält umso größere Wohlgefälligkeit, während das Wohlgefällige das nicht braucht. Nein: Gott hat den Leib so vereinigt, dass er dem Mangelhaften umso größere Ehre schenkt, auf dass kein Zwiespalt im Leibe sei, sondern die Glieder sich einhellig umeinander kümmern. Und: Wenn ein Glied leidet, leiden die Glieder mitsammen. Oder: Wenn ein Glied verherrlicht wird, freuen sich die Glieder mitsammen. Ihr aber seid Leib des Messias und Glieder je zu eurem Teil.*
(1 Kor 12,12–27)

*Vor dem Paschafest aber, da Jesus wusste, dass seine Stunde gekommen war, aus dieser Welt zum Vater hinüberzugehen, und da er die Seinen in der Welt liebte – wollte er sie bis zum Ende lieben. Und als ein Mahl stattfand, und als der Teufel schon ins Herz gesetzt hatte, dass Judas, Sohn Simons Iskariot, ihn ausliefere – er aber wusste, dass der Vater ihm alles in die Hände gegeben und dass er von Gott ausgegangen und zu Gott hingehe – da richtet er sich vom Mahl auf und legt die Obergewänder ab. Er nahm ein Leintuch und gürtete es sich um. Hierauf schüttet er Wasser in das Waschbecken; dann begann er die Füße der Jünger zu waschen und mit dem Leintuch zu trocknen, womit er umgürtet war. Er kommt nun zu Simon Petrus. Der sagt zu ihm: Herr, du willst mir die Füße waschen? Hob Jesus an und sprach zu ihm: Was ich tue, weißt du jetzt nicht; hernach aber wirst du es erkennen. Sagt Petrus zu ihm: Nimmermehr darfst du mir die Füße waschen – nicht auf Weltzeit hin! Antwortete ihm Jesus: Wenn ich dich nicht wasche, hast du kein Teil an mir. Sagt Simon Petrus zu ihm: Herr, nicht meine Füße nur, sondern auch die Hände und den Kopf! Sagt Jesus zu ihm: Wer geba-*

*det ist, braucht sich nicht waschen zu lassen, außer die Füße – nein, er ist ganz rein. Auch ihr seid rein, jedoch nicht alle. Er kannte ja den, der ihn ausliefern würde. Deshalb sagte er: Nicht alle seid ihr rein.*
*Als er nun ihre Füße gewaschen, seine Obergewänder genommen und sich abermals niedergelassen hatte, sprach er zu ihnen: Erkennt ihr, was ich euch getan habe? Ihr ruft mich »Lehrer« und »Herr«, und sagt es zu Recht. Ich bin es. Wenn nun ich eure Füße wasche – ich: der Herr und Lehrer – so schuldet auch ihr, einander die Füße zu waschen. Denn: Ein Beispiel habe ich euch gegeben, dass auch ihr tut, wie ich euch getan. Wahr, ja wahr ist's, sage ich euch: Kein Knecht ist größer als sein Herr, und kein Sendbote größer, als der ihn ausgeschickt.*
(Joh 13,1–16)

Eine Eigenheit des Menschen ist, dass er vergisst. Das ist für viele dunkle Erfahrungen ein Segen. Doch kann durch Vergessen auch viel Gewachsenes verloren gehen. Der Mensch schützt sich gegen das Vergessen vor allem wichtiger Ereignisse. Dies macht er, indem er solche Ereignisse »institutionalisiert«. Institutionen sind von ihrem Wesen her ein Aufstand gegen das Vergessen. Sie sind Erinnerung, Gedächtnis.

Die Kirche ist in ihrem Wesen ein solcher Aufstand gegen das Vergessen dessen, was in und um Jesus durch Gott an der Menschheit getan worden ist.

Natürlich können Institutionen auch versteinern und auch unfrei machen. Ihrem inneren Wesen nach sind sie aber lebendige Tradition und Tradition, die lebendig macht.

Die Institutionalisierung des Jesus-Ereignisses kennt viele Dimensionen. Die Eucharistie ist uns von Jesus selbst dazu aufgetragen worden, sie zu seinem Gedächtnis zu begehen. Das Abendmahl ist eine »gefährliche Erinnerung«. Zur Erinnerung werden aber auch die alten Erfahrungen mit Jesus erzählt, die schon früh zu den Evangelien zusammengestellt worden sind. Herausragt darunter die Erzählung von der Fußwaschung.

Abendmahl und Fußwaschung wurden im Lauf der Geschichte der Christenheit zu den Kernerzählungen, wenn es um die Frage ging, wofür die Kirche steht und geht. Beide zusammen bilden sie eine Art Kirchenvision, die von Künstlern – wie dem Buchmaler der Reichenau – ins Bild gesetzt wurden.

Auch auf unserem Bild wird das, was im Inneren der Kirche sich ereignet, dargestellt in den beiden Szenen des Abendmahles und der Fußwaschung. Das ist die Grundbotschaft des Mönches von der Insel Reichenau im Bodensee: Kirche ist dort, wo Abendmahl und Fußwaschung sich ereignen.

## Der eine Leib

Jesus sitzt in der ersten Szene beim Abendmahl. Mit ihm die Apostel, von denen zwei noch bedienen und der eine, der ihn verrät, Judas Iskariot, bereits das Brot in den Becher taucht.

Jesus segnet soeben das Brot, das er ihnen dann reicht. Dazu spricht er die über die Jahrhunderte sorgsam überlieferten Worte: »Das ist mein Leib.«

*Ich habe nämlich vom Herrn her überkommen, was ich auch euch überliefert: In der Nacht, da er ausgeliefert wurde, nahm der Herr Jesus Brot, sagte den Dank, brach es und sprach: Das ist mein Leib für euch – das tut zu meinem Gedächtnis.*
*Ebenso auch den Becher nach dem Mahl – sagend: Dieser Becher ist der neue Bund in meinem Blut. Das tut,*

*sooft ihr trinkt, zu meinem Gedächtnis. Denn: Sooft ihr dieses Brot esst und den Becher trinkt, kündet ihr den Tod des Herrn an – bis er kommt.*
(1 Kor 11,23–26)

Christen verleiben sich den Leib Christi ein. Dadurch werden sie sein Leib. Es ist ein zutiefst mystischer Vorgang. Tiefe Verwobenheit wächst. Christus wird unser Bruder und wir untereinander Schwestern und Brüder.

## Leib, hingegeben

Jesus fügt allerdings hinzu: »für euch«. Es ist ein Leib, »hingegeben«. Und gleich danach »Blut, vergossen«. Der Wesenszug Jesu Christi ist die »Selbstentäußerung«, die Hingabe für das Leben der Welt. Der wohl älteste Christushymnus bringt dies auf den Punkt:

*Er – in Gottesgestalt wesend:*
*Nicht als Beute für sich dachte er das Sein wie Gott.*
*Nein: Ausgeleert hat er sich selbst,*
*Knechtsgestalt hat er genommen;*
*in Menschengleichheit trat er auf*
*und ward in der Art als Mensch erfunden.*
*So hat er sich niedrig gemacht,*
*ward gehorsam bis zum Tod*
*– dem Tod am Kreuz.*
*Darum hob Gott ihn überhoch*
*und gab zugnaden ihm den Namen,*
*der über allen Namen ist.*
*Auf dass in Jesu Namen sich beuge aller Knie:*
*Himmlischer und Irdischer und Unterirdischer,*
*und bekenne alle Zunge:*

*Herr ist Jesus der Messias*
*– zu Gottes, des Vaters, Verherrlichung.*
(Phil 2,6–11)

Essen wir seinen Leib, dann werden wir sein Leib. Dann aber prägt uns in unserem Innersten die Fähigkeit und Bereitschaft zur Hingabe. Fußwaschung und Abendmahl sind voneinander nicht zu trennen. Das eine lebt vom anderen.

Christen, die Abendmahl feiern, werden fähig zu solidarischer Liebe. Umgekehrt: Wer nicht bereit ist zur Fußwaschung solidarischer Liebe, hat das Abendmahl unwürdig gefeiert, »unfruchtbar« wenigstens, wie die alte Schultheologie es ausgedrückt hat.

Die Kirche wird so zum Leib, hingegeben. Sie ist in ihrem innersten Wesen eine Gemeinschaft, die dient. Dient sie nicht, dient sie zu nichts (Jacques Gaillot).

Neuerlich stehen wir, zusammenfassend, vor dem Begriffspaar der Mystik und der Politik, jetzt im biblischen Bild von Abendmahl und Fußwaschung. Es ist eine alte und bewegende Vision von Kirche und kirchlichen Gemeinschaften.

# *Leben ist Entwicklung*

# Personalentwicklung

Die Kirche besteht nicht aus Steinen, sondern aus Beinen. »Auch ihr selbst, wie lebendige Steine – aufbauen lasst euch zu einem geistigen Haus, zu einer heiligen Priesterschaft, um geistige, Gott willkommene Opfer durch Jesus den Messias darzubringen.« (1 Petr 2,5). Sie ist eine Gemeinschaft, die aus Menschen zusammenwächst. Genauer. Gott fügt die Kirche aus Menschen zusammen, die er selbst ihr *»hinzufügt«* (vgl. Apg 2,47).

Die Kirche ist aber dann so lebendig wie die gläubigen Menschen, die sie aus Gottes Kraft bilden. Die Stärke der Kirche sind ihre Heiligen.

Von gläubigen Menschen ist im Folgenden die Rede: wie sie ihr Leben verstehen und wozu Gott sie (vielleicht) »be-ansprucht«, damit seine Kirche leben und handeln kann.

## Beim Namen gerufen

*Jetzt aber, so hat ER gesprochen, dein Schöpfer, Jaakob, dein Bildner, Jissrael, fürchte dich nimmer, denn ich habe dich ausgelöst, ich habe dich mit Namen berufen, du bist mein.*
*Wenn durchs Wasser du ziehst, bin ich mit dir, durch die Ströme, sie überfluten dich nicht, wenn quer durchs Feuer du gehst, verbrennst du nicht, und die Lohe, sie sengt dich nicht an.*
*Denn ICH bin dein Gott, der Heilige Jissraels ist dein Befreier. Als Deckung für dich gebe ich Ägypten, Äthiopien und Sseba statt deiner.*
*Dessen wegen, daß du teuer bist in meinen Augen, ehrenwichtig bist und ich selber dich liebe, gebe ich*

*Menschen statt deiner, Nationen statt deiner Seele: fürchte dich nimmer, denn ich bin mit dir. Von Aufgang lasse ich heimkommen deinen Samen, von Abend bringe ich dich zuhauf,*
*ich spreche zum Norden: Gib her! und zum Süden: Umhafte nimmer, laß kommen meine Söhne von fern, meine Töchter vom Erdenrand,*
*alles, was mit meinem Namen gerufen ward, – zu meiner Ehre habe ich es erschaffen, es gebildet, ja, es gemacht!*
(Jes 43,1–7)

Die Berufung zur Kirche ist keineswegs das Wichtigste, was über einen gläubigen Menschen zu sagen ist. Jeglicher gläubigen Berufung zugrunde liegt die Berufung zum Leben.

Irgendwann im Laufe jedes Lebens tauchen wohl Fragen auf wie: Warum bin ich überhaupt, warum lebe ich, warum gerade jetzt? Wo komme ich her, wo gehe ich hin, welchen Sinn hat das Ganze? Warum begegne ich gerade diesen Menschen? Welchen Sinn hat darin die Liebe, das Leid?

Das Volk Israel hatte auf solche Fragen eine gläubige Antwort zur Hand, nicht nur für Einzelne – diese hatten damals noch nicht so viel Bedeutung wie in unserem hochindividualisierten Zeitalter. Die Antwort galt dem Volk Israel als Ganzem.

Wir lesen diesen Text aus dem Buch Jesaja mit Vorliebe bei der Taufe eines Kindes. Und finden dort Antworten auf die großen Fragen nach dem Lebenssinn.

Gottbezogen ist der Mensch. Von ihm kommt alles Leben, zu ihm kehrt es zurück. Er hat uns geformt. Schon im Mutterleib kennt er uns, längst bevor wir geboren waren.

*Auf dich bin ich vom Schoß an geworfen,*
*vom Leib meiner Mutter her bist du mein Gott.*
(Ps 22,11)

*An dir habe ich mich vom Schoß an gehalten,*
*vom Leib meiner Mutter an bist du mein Entbinder,*
*dir stets gilt mein Preisen.*
(Ps 71,6)

*DU aber kennst mich, siehst mich, prüfst mein Herz, das mit dir ist, – reiße jene hervor wie Schafe zur Schlachtbank, verweihe sie auf den Tag des Würgens!*
(Jer 12,3)

Diese Gottbezogenheit hat Folgen. Die erste: »*Fürchte dich nicht!*« Der Gang durch Feuersglut und Wasserfluten (das Bedrohungsszenario, das auch in Mozarts Zauberflöte wiederkehrt) wird unversehrt bestanden. Gott gibt Schutz und Geborgenheit. Angesichts des drohenden Todes hat in diesem gläubigen Wissen der evangelische Theologe Dietrich Bonhoeffer gebetet:

*Von guten Mächten wunderbar geborgen,*
*erwarten wir getrost,*
*was kommen mag.*
*Gott ist mit uns*
*am Abend und am Morgen*
*und ganz gewiss*
*an jedem neuen Tag.*

Nicht nur Schutz wird zugesagt, sondern auch Unantastbarkeit grundgelegt. Wenn der Mensch gottbezogen ist, hat niemand das Recht, auf ihn zuzugreifen. Der Mensch darf nicht nur zum Zweck für etwas oder für andere benützt werden (Immanuel Kant). Die Religion schützt den Menschen vor dem Zugriff des Menschen auf den Menschen. Eben dieser Zugriff ist die Urversuchung aller totalitären, faschistoiden Systeme.

Solch eine Zugriffsversuchung gibt es heute in raffinierter Weise. Die informationell hochgerüstete Hightech-Medizin greift auf den Zellkern (und Embryonen) ebenso zu wie kurz zuvor die Atomphysik auf den Atomkern. Die Verwaltung, ebenfalls EDV-gestützt, hat die Möglichkeit, das Leben eines Bürgers, einer Bürgerin bis in die letzten Winkel der Privatheit nach zu verfolgen. Eine Teilströmung der globalisierenden Weltwirtschaft ist nicht am Menschen, nicht an stabilen Arbeitsplätzen, sondern an den shareholder values interessiert.

Es steht gut um den Menschen, solange respektiert wird, dass er gottbezogen ist. Denn Gott, so unser gläubiges Wissen, hat jeden, der nach seinem Namen benannt ist, zu seiner Ehre erschaffen, geformt und gemacht. Dass der Mensch gottbezogen ist, macht ihn frei von jeder weltlichen Unterwerfung. Mystik erweist sich neuerlich als höchst politisch.

Es ist eine lebenslange Aufgabe, diese Gottbezogenheit im eigenen Leben zu entdecken und aufblühen zu lassen. Wenn es mir gelingt, Gott zu erkennen und zu lieben, gewinnt mein Leben einen tiefen und tragfähigen Sinn.

## Rede, Herr, dein Diener hört

*Der Knabe aber, Schmuel, war beamtet bei IHM vor Elis Antlitz. In jenen Tagen war Anrede von IHM kostbar geworden, keine Schauung brach durch. Es geschah an jenem Tag, an seinem Ort lag Eli – seine Augen hatten begonnen sich zu trüben, er konnte nicht sehn –, noch nicht erloschen war die Leuchte Gottes, in SEINER Halle, wo der Schrein Gottes war, lag Schmuel: ER*

*rief Schmuel an. Der sprach: Hier bin ich. Er lief zu Eli und sprach: Hier bin ich, du hast mich ja gerufen. Er aber sprach: Ich habe nicht gerufen, kehre um, lege dich hin. Er ging und legte sich hin. ER fuhr fort, rief abermals: Schmuel! Schmuel stand auf, ging zu Eli und sprach: Hier bin ich, du hast mich ja gerufen. Er sprach: Ich habe nicht gerufen, mein Sohn, kehre um, lege dich hin. Schmuel aber war noch vor dem, daß er IHN kannte, vor dem, daß SEINE Rede sich ihm offenbarte. ER fuhr fort, rief: Schmuel! zum dritten. Er stand auf, ging zu Eli und sprach: Hier bin ich, du hast mich ja gerufen. Eli erfaßte, daß ER es war, der den Knaben rief. Eli sprach zu Schmuel: Geh, lege dich hin, und es sei, ruft es dich an, dann sprich: Rede, DU! ja, dein Knecht hört. Schmuel ging und legte sich an seine Stätte. ER kam, trat herzu, rief wie Mal um Mal: Schmuel! Schmuel! Schmuel sprach: Rede! ja, dein Knecht hört.*
(1 Sam 3,1–10)

Diese Berufung des jungen Samuel im Tempel des Herrn ist ein Lehrstück über die Rolle der Laien in der Kirche von heute.

Laien waren ja in der Kirche lange nichts anderes als Seelsorgsobjekte, von Priestern mit Sakramenten und Moralanweisungen betreut und versorgt. Betreuen und Versorgen haben dabei eine tiefere Bedeutung, als uns heute zugänglich ist. Enthalten doch diese Wörter Treue und Sorge. Das Zweite Vatikanische Konzil hat in mehreren Dokumenten ihre Rolle unter Rückgriff auf die biblischen Traditionen neu bestimmt und damit ausgeweitet.

Um diese Rolle näher zu bestimmen, folgen wir der Erzählung aus dem ersten Buch Samuel.

*Berufung des Samuel,*
*Psalter des hl. Ludwig, 13. Jh.*

***Schlief auf seinem Platz***

Schon die Lage, in der sich Samuel und der Priester Eli, unter dem der Junge im Tempel zu dienen begonnen hat, befinden, ist gar nicht so weit von der Lage der heutigen Kirche entfernt: Worte des Herrn waren selten, Visionen nicht häufig. Noch mehr: Sowohl von Samuel wie von Eli heißt es, dass sie im Tempel des Herrn schliefen. Klerus und Laien – eint sie der gemeinsame Kirchenschlaf?

Freilich, der Kirchenschlaf ist möglicher Weise eine gar nicht so schlechte Lage. Der biblischen Erzähltradition ist der Schlaf vertraut als jene Zeit, in der der Mensch am meisten passiv und zugleich am meisten empfänglich ist für den aktiven Gott. Insbesondere die Träume sind es, in denen sich Gott vernehmlich macht, dem Joseph am Hofe des Pharao, dem Joseph, Mariens Vertrauten, als Herodes dem Kind nach dem Leben trachtet und Gott Joseph durch seinen Engel nach Ägypten ziehen heißt. Selbst der Tod Jesu am Kreuz wird von Kirchenvätern als der heilbringende Schlaf gewürdigt.

Im Schlaf im Tempel tritt also Gott an den Samuel heran und ruft ihn: »Samuel«. Wir meditieren die Szene genau. Denn was sich jetzt abzuspielen beginnt, ist das Urmissverständnis vieler Laien bis heute. Gott ruft, Samuel aber geht zum Priester Eli und fragt diesen: »Was willst du?«

Freilich, die Laien sind von den Priestern über Jahrhunderte genau dazu angehalten worden. Als Beispiel eine Primizpredigt aus dem Jahre 1955. Zuerst kommt der heilige Pfarrer von Ars zu Wort: »Sie wissen nicht, was es heißt, aus einem Pfarrhof vor das Angesicht Gottes zu treten! Ich wäre der glücklichste Priester, wenn nicht der Gedanke wäre, ich habe als Pfarrer vor dem Richterstuhl Gottes zu erscheinen.« Dann der Prediger: »Hinter diesen Worten steht das Wissen um die Verantwortung eines Pfarrers. Aus dieser Verantwortung heraus strecken wir bittend unsere Arme aus nach Laien, die uns helfen. Die uns helfen, die Verantwortung, die wir allein nicht mehr tragen können, mitzutragen ... Lasst eure Seelsorger nicht allein! Steht ihnen bei! Opfert eure Zeit! Dann erst habt ihr den Ruf Christi in unserer Zeit recht verstanden.«[47]

### *Samuel kannte den Herrn noch nicht*

Samuel, so der Erzähler, kannte den Herrn noch nicht. Das ist wohl der tiefere Grund, warum so viele Laien auch heute nach dem Zweiten Vatikanischen Konzil und dessen Neubewertung des Laien meinen, sie seien in der Kirche Mitarbeiter der Priester. Was Samuel aber lernen muss, ist, dass Gott und nicht ein Priester ihn ruft. Er hat dabei einen sehr guten Lehrmeister – Eli. Statt seine Dienste anzunehmen schickt dieser ihn nämlich wieder schlafen, einmal, zweimal. Dann erst beginnt Eli selbst zu begreifen, dass Gott den jungen Laien Samuel ruft. Und sagt ihm: Wenn er dich noch einmal ruft, dann sag: »Rede, Herr, dein Diener hört.«

In der Sprache von Weiheliturgien heißt diese Bereitschaftserklärung einfach »adsum«, »da bin ich, Herr«, »ich bin bereit«. Ein solches Adsum sprechen Ordensleute, wenn sie ihre Gelübde ablegen. Dasselbe Adsum sagen Priesteramtskandidaten in der Liturgie der Priesterweihe.

Im Grunde haben es alle zu sagen, die einen Ruf Gottes hören. Das eben hat das Zweite Vatikanische Konzil wieder ins kirchliche Bewusstsein gehoben: Es gibt in der Kirche keine Unberufenen. Alle, die zum heiligen Volk gehören (zum laós) und dazu getauft werden, haben eine unvertretbare Kirchenberufung, unmittelbar von Gott und nicht von den Priestern. Übrigens sind in diesem Sinn alle Laien Mitglieder des heiligen priesterlichen Gottesvolks. Auch die Priester.

Seit Jahrhunderten werden bei uns nicht mehr Erwachsene getauft. Daher unterbleibt bei der Taufe diese

**47** Brosseder, Hubert: Das Priesterbild in der Predigt. Eine Untersuchung zur kirchlichen Praxisgeschichte am Beispiel der Zeitschrift »Prediger und Katechet« von 1850 bis zur Gegenwart, München 1978, 252.

Bereitschaftserklärung der Getauften. Andere sagen sie stellvertretend für den Säugling: die Eltern, manchmal – aber immer seltener – die Großeltern, aber letztlich muss es die Kirche, eine Kirchengemeinde sein, die verspricht, alles Erdenkliche daranzusetzen, dass in der Lebensgeschichte des Täuflings das Adsum nachgeholt wird. Für manche Gemeinden springen heute Geistliche Bewegungen ein, die sich genau dieses Ziel gesetzt haben.

Es gelingt heute auch nur bei einem kleinen Teil der Gefirmten, dass sie »wild entschlossen« ihre Bereitschaft erklären, Gottes Berufung zur Kirche anzunehmen und ein Leben lang in die Tat zu überführen. Die Folge ist, dass es viele Berufene gibt, die ihre Berufung noch nicht entschieden genug angenommen haben. Zumindest haben sie noch nicht gelernt, in der letzten Einsamkeit ihrer Freiheit vor Gott zu stehen und ihn zu fragen: Herr, was traust du mir zu, wozu beanspruchst du mich, damit deine Kirche leben und handeln kann?

### *Hinhorchen*

Nachdem Samuel begriffen hat, dass Gott ihn ruft, sagt er sein »Rede, Herr, dein Diener hört!« Dann übergibt ihm Gott jene Vision, die für die weitere Geschichte Elis und des Volks von umstürzender Wichtigkeit sein wird.

Auch daraus ist zu lernen, dass Gott Entwicklungen in seinem Volk nicht immer über die Priester inszeniert. Oftmals sind es Laien, oftmals auch noch sehr junge und unerfahrene Mitglieder im Gottesvolk, welche eine »Nachricht«, eine »Vision« von Gott her in die Kirche bringen.

Das nötigt Priester, die sich gottgehorchend fühlen, dazu, nicht nur für sich von den Laien Gehorsam zu verlangen (schon gar nicht kindlichen!). Vielmehr gibt es umgekehrt einen Gehorsam der Priester gegenüber den Laien. Sie wissen nie im Vorhinein, sondern müssen im Gegenteil sogar dessen gewärtig sein, dass sie gerade über

Laien etwas von Gott her für das Volk und seine Aufgaben heute erfahren.

### *Kleine Kirchenvisonen*

Gott stattet also jene, die er zu seinem Volk beruft, reichlich aus. Zur Grundausstattung gehören Glaube, Hoffnung und vor allem die Liebe, die größte unter den dreien (1 Kor 13). Dann aber gibt er den Berufenen eine »kleine Kirchenvision« ins Herz. In vielen Wochenenden war ich mit Christinnen und Christen dazu beisammen, um für ihre Gemeinde eine für möglichst viele bewohnbare Gemeindevision zu erarbeiten. Wir haben dazu immer bei den Einzelnen begonnen und sie aufgefordert, in ihr Lebenshaus einzukehren, in ihre Lebensgeschichte, und dort jenes Bild von Kirche aufzuspüren, das Gott mit der Berufung zur Kirche in ihr Herz gelegt hat. Ich habe bei all diesen Zusammenkünften nie jemanden gefunden, die, der keine »kleine Kirchenvision« in sich getragen hätte.

In kleinen Gruppen wurde sodann von solchen »kleinen Visionen« erzählt, das Gemeinsame herausgearbeitet. Aber auch das, was nur Einzelne hatten, wo sich Einzelne von anderen unterschieden, wurde wertgeschätzt. Aus den vielen Bausteinen der kleinen Kirchenvisionen wurde eine gemeindliche Vision entworfen. Und um sicher zu stellen, dass diese gemeinsam erarbeitete Vision in der Spur des Evangeliums liegt, wurde sie schließlich auf den biblischen Prüfstand der überkommenen großen Kirchenvision gestellt. Denn es ist niemand davor gefeit, seinen eigenen Vogel mit dem Heiligen Geist zu verwechseln. Die Unterscheidung der Geister gelingt am ehesten in einer gläubigen Gruppe.

### *Niemand ist unbegabt*

Zur gläubig hoffenden Liebe kommt aber nicht nur das Geschenk der »kleinen Kirchenvision« dazu. Gott beruft nicht nur, er begabt auch. Und so, wie es keine Unberufenen in der Kirche gibt, gibt es auch keine Unbegabten.

Die Erzählungen über das Leben in den frühen christlichen Gemeinden ist randvoll davon, dass es in ihnen eine überaus bunte und spannungsreiche Vielfalt von Begabungen gab. Sie galten als Gabe Gottes an die Einzelnen – allerdings mit Gemeinwohlpflicht. Das ist der Bericht des Paulus über den Charismenreichtum der Gemeinde in der Hafenstadt Korinth:

*Die Gnadengaben sind verschieden – doch der Herr ist derselbe. Und die Wirkkräfte sind verschieden – doch es ist derselbe Gott, der wirkt das Allsamt in allen. Einem jeden aber wird das Aufscheinen des Geistes zu Nutz und Frommen gegeben. Denn dem einen wird durch den Geist Rede voll Weisheit gegeben; dem anderen Rede voll Erkenntnis in demselben Geist; einem anderen Glauben in demselben Geist; einem anderen Gaben zu Heilungen in demselben Geist; einem anderen Wirkkräfte zu Wundertaten; einem anderen Prophetenrede; einem anderen Fähigkeit, Geister zu unterscheiden; einem anderen Arten verzückter Zungenrede, einem anderen Auslegung verzückter Zungenrede. All das aber wirkt ein und derselbe Geist, der jedem zuteilt, wie er will.*
(1 Kor 12,4–11)

Für heutige Gemeindemitglieder lassen sich daraus wichtige Folgerungen ableiten.

- Erstens trage ich für meine Kirchenberufung, für die Vision, die ich von der Kirche in mir trage, vor allem aber für meine Begabungen zu Gunsten der Kirchengemeinde selbst Verantwortung. Ich bin verantwortlich, dass ich diese Begabungen *erkenne*. Der Spiegel, den andere für mich bilden, kann dabei sehr hilfreich sein.

- Ich bin dann aber zweitens auch verantwortlich, dass ich meine erkannten Begabungen *entfalte*. Das geschieht durch »learning by doing«, indem ich also mit anderen anfange, im Sinn meiner Begabung zu arbeiten. Mit ihnen tausche ich in der Art einer KollegInnenberatung meine gemachten Erfahrungen aus und lerne dadurch weiter. Manchmal gehe ich gezielt auf eine Weiterbildung, eine Fortbildung. Da weiß ich aber, welche Ziele ich mir selbst stecke und in welchen Bereichen ich mit meiner Begabung weiterkommen will. Ich bin, weil ich es so maßgeschneidert haben will und weil auch ich in meiner persönlichen Entwicklung davon profitiere, auch bereit, einen begrenzten finanziellen Beitrag zu solcher Fort- und Weiterbildung zu leisten.
- Schließlich weiß ich mich dafür verantwortlich, meine Begabung in der Kirche *auszuspielen*. Dabei nehme ich wohl zur Kenntnis, dass es eine koordinierende Verantwortung der Leitung gibt. Aber zugleich weiß ich auch, dass mich am Ende meines Lebens Gott selbst fragen wird: Was hast du mit deiner Kirchenberufung und deinen Begabungen gemacht? Dann werde ich vielleicht versuchen, mich auszureden, und Gott daran erinnern, was für einen »unmöglichen« Pfarrer ich hatte. Er aber wird entgegnen: Den werde ich auch noch fragen. Aber jetzt bist du dran!

Solche Regeln gelten unabhängig davon, ob jemand ehrenamtlich oder – wie in geldstarken Kirchengebieten – hauptamtlich in der Kirche als Kirchenmitglied mitarbeitet. Dabei ist es schon ein Segen für die Kirchen, wenn sie einige ihrer Kirchenmitglieder »als Laien« für wichtige Aufgaben ausbildet und freizahlt, damit sie all ihre wertvolle Zeit, Phantasie, ihr Können gegen Bezahlung in der Kirche investieren können.

## ZUFLUCHT NOCH HINTER DER ZUFLUCHT
(für Peter Huchel)

Hier tritt ungebeten nur der wind durchs tor

Hier
ruft nur gott an

Unzählige leitungen läßt er leben
vom himmel zur erde

Vom dach des leeren kuhstalls
aufs dach des leeren schafstalls
schrillt aus hölzerner rinne
der regenstrahl

Was machst du, fragt gott

Herr, sag ich, es
regnet, was
soll man tun

Und seine antwort wächst
grün durch alle fenster

Reiner Kunze

## Ein Segen sollst du sein

*ER sprach zu Abram: Geh vor dich hin aus deinem Land, aus deiner Verwandtschaft, aus dem Haus deines Vaters in das Land, das ich dich sehn lassen werde. Ich will dich zu einem großen Stamme machen und will dich segnen und will deinen Namen großwachsen lassen. Werde ein Segen. Segnen will ich, die dich segnen, die dich lästern, verfluche ich. Mit dir werden sich segnen alle Sippen des Bodens. Abram ging, wie ER zu ihm geredet hatte, und Lot ging mit ihm. Siebzig Jahre und fünf Jahre war Abram, als er aus Charan fuhr.*
(Gen 12,1–4)

Eine der stärksten Personalressourcen der Kirche sind die Ordensleute. Sie tragen gleichsam die Kraft der jungen Kirche in sich. Die Kraft des Evangeliums formt ihr Leben »leibhaftig« in ihrem Umgang mit Liebe, Macht und Besitz.[48] In Zeiten, in denen die Kirche ihre Kraft eingebüßt hatte, haben Orden sie erneuert.

### *Abram war fünfundsiebzig Jahre alt*

Heute freilich sind es in unseren Breiten die Orden selbst, die alt geworden sind. Es ist wie bei Abram, der – als Gott ihn fortziehen hieß aus seinen gewohnten Lebensumständen – fünfundsiebzig Jahre alt geworden war. Auch Orden sind bei uns alt geworden. In vielen Kommunitäten sind nur wenige unter vierzig. Solche Orden sind gezwungen, ihre »Werke«, Schulen, Krankenhäuser, Institute aufzugeben. Sie versuchen, Stiftungen zu errichten, um in der Übergangszeit ihr Charisma wenigstens in deren Leitbild einzustiften. Nicht wenige Ordenskommunitäten werden in den nächsten Jahren hierzulande sterben.

Das wird nicht nur die Kirche schwächen. Auch die Gesellschaften werden erst dann merken, was ihnen fehlen

**48** Zulehner, Paul M.: Leibhaftig glauben. Lebenskultur nach dem Evangelium. Unter Mitarbeit von Josef Brandner und Josef Fischer, Freiburg 1983.

*Sieger Köder,*
*Abraham*

wird. Denn die Orden tragen einen Gutteil der diakonalen Dienste der Kirche. Und diese wiederum tragen dazu bei, dass unsere Gesellschaften menschlich nicht auskühlen. Ohne die Orden werden die Gesellschaften kühler und ärmer sein.

### *Zieh weg aus deinem Land*

Gerade den altgewordenen Fünfundsiebzigjährigen erreicht nun die Aufforderung Gottes: »Zieh weg!« Lass die dir vertraute Stadt, in der du dich wohlständig eingerichtet hast, hinter dir.

Der Abschied von gewohnten »Werken« durch Ordensgemeinschaften kann von daher eine andere, neue Bedeutung erhalten. Es ist nicht mehr ein Moment am Sterben, sondern erhält den Charakter eines Aufbruchs, einer Auferstehung.

Ich erinnere mich an eine Arbeit mit einer Ordensgemeinschaft in Niederbayern. Auch sie hatte nur noch drei Schwestern unter vierzig. Das Ziel der Arbeit war, gemeinsam jene »Werke« zu bestimmen, die in zehn Jahren nicht mehr vom Orden getragen werden können.

Wir haben den Klärungsprozess begonnen mit der Frage: Wo werde ich in zehn Jahren leben? Mit wem werde ich eine Gemeinschaft bilden? Was wird meine Aufgabe sein?

Bei vielen war das Ergebnis die Fortschreibung dessen, woran sie sich über Jahre gewöhnt haben. Sie »sahen« sich in einem der verbleibenden alten Werke, in einer Gemeinschaft alternder Schwestern. Eine kleine Gruppe aber setzte auf neue Orte, auf kleine Gemeinschaften, auf neue Aufgaben. Diese entdeckten sie auf der Linie ihrer Gründungsidee unter den Menschen von heute, in deren Nöten.

Werden also nur jene Orden überleben, die auf Gottes »Zieh aus!« hören? Sie müssen dann gleichsam eine

»Zweitgründung« ihres Ordens riskieren, an neuen Orten, mit neuen Aufgaben, in neuen Gemeinschaftsformen, aber aus der gleichen Kraft des ererbten Gründungscharismas.

### *Segen*

Niemand kann sagen, welche Lebenszeit Gott einer Ordensgemeinschaft zumisst. Auch kann niemand vorhersehen, ob eine Zweitgründung »erfolgreich« sein wird. Aber immerhin war dem Abram und seiner kleinen Familie verheißen, dass Gott ihn zu einem großen Volk machen werde.

Wie immer auch, eines steht fest. Jede Zeit, die Gott einer Ordensgemeinschaft zuteilt, wird dazu gegeben, dass der Orden »ein Segen« für die Menschen und die Kirche ist.

## Sie gehen und werden nicht matt: eine Ermutigung für Priester

*Erkanntest du es noch nicht oder hörtest du es noch nicht: der Urzeit-Gott, ER, Schöpfer der Ränder der Erde, er ermattet nicht, er ermüdet nicht, unausforschlich ist sein Unterscheiden. Er gibt dem Ermatteten Kraft, dem Ohnmächtigen mehrt er Kernhaftigkeit. Jünglinge ermatten, ermüden, Rüstige straucheln und straucheln, aber die SEIN harren tauschen Kraft ein, wie die Adler treiben sie Schwingen, sie rennen und werden nicht müde, sie gehen und werden nicht matt.* (Jes 40,28–31)

### *Priester sind Laien*

Priester sind zunächst Laien. Wären sie nicht durch Gottes Berufung der Kirche hinzugefügt, könnten sie auch nicht ein Amt in der Kirche ausüben. Was wir Priester daher zurückgewinnen müssen, ist unser Taufbewusstsein.

Das hätte auch zur Folge, dass wir uns wieder mehr als bisher als Brüder unter Schwestern und Brüdern fühlen würden. Der Respekt vor der unableitbaren Berufung jedes Kirchenmitglieds (jetzt aller Laien im engeren Sinn) würde wachsen. Wir wären synodaler. Würden mehr auf das hinhorchen, was Gott durch jede und jeden Einzelnen seiner Kirche heute aufträgt. Auch die Zusammenarbeit mit den ehren- und hauptamtlichen Laien könnte noch mehr gedeihen.

### *Für das Evangelium geweiht*

Dann aber ist uns das priesterliche Amt anvertraut. Dazu sind wir auch geweiht. Neben der Christenweihe haben wir die Priesterweihe, oder genauer, die Christenweihe spitzt sich bei uns Priestern in der Priesterweihe zu, konkretisiert sich. Das ist jetzt unsere kirchliche Existenz.

Dieses Amt ist uns für ein Leben lang übertragen worden. Es erfasst unser Innerstes. Es ist Dienst an der Kirche, zumeist, aber nicht immer in einer Gemeinde.

Dieses Amt schafft keine höhere Würde, sondern eine größere Verantwortung. Persönlich werden wir haftbar dafür gemacht, dass die Kirche (in ihren Gemeinden) in der Spur des Evangeliums bleibt und die einzelnen Evangeliumsgemeinden mit den anderen Evangeliumsgemeinden verbunden bleiben. All dies drückt sich in unserer Priesterweihe aus: Das Evangelium wird uns »aufs Haupt gelegt« (dem Bischof bei seiner Weihe buchstäblich). Und dann legt nicht nur der Bischof die Hände auf, sondern das ganze Presbyterium. Synchrone und diachrone Einheit: Dafür, so die zeitgenössische Amtstheologie, sind wir verantwortlich. Und dies alles geschieht, indem wir dazu beitragen, dass die Kirche unentwegt von Gott neu geschaffen, genährt, erhalten wird:

*Einem Bischof wird bei der Weihe ein Evangeliar aufs Haupt gelegt*

durch sein Wort, durch seine Sakramente, durch dienende Liebe.

### *Gesucht wird der Gottesmann*

Unser Beruf zählt auch heute zu den angesehensten Berufen in unserer Gesellschaft. Er steht nach dem Arzt gleich an zweiter Stelle, so eine deutsche Studie aus dem Jahr 2001. Das überrascht nicht. Denn zur Zeit hat in unserer Kultur eine religiöse Suche mit neuer Qualität begonnen. Sie ist der Kontrast zur so genannten »Säkularisierung« des öffentlichen und zunehmend auch des privaten Lebens vieler Menschen. Respiritualisierung findet als Megatrend statt. Das heißt, dass die Kultur nach dem Spirituellen sucht. Das betrifft auch die Kirchen, die wiederum von den Leuten im Volk vor allem in den Priestern wahrgenommen wird. Die Kirchen brauchen dann nicht nur spirituelle Orte, dichte spirituelle Vorgänge, bei denen man Gotteserfahrung aus erster Hand machen kann, sondern auch wieder spirituelle Priester. Die Respiritualisierung fordert uns Priester gewaltig heraus. Denn wir alle haben in den letzten Jahren die wichtige organisatorische Kompetenz entfaltet. Wir sind fit, mehrere Gemeinden gut zu leiten, mit vielen Laien (weiblich und männlich) zusammenzuarbeiten. Wir können delegieren, motivieren, evaluieren. Wir sind dabei, pastorale Großunternehmer zu werden, die ihr Geschäft gut verstehen.

### *Der pastorale Notstand*

Bei all dem ist aber die Seelsorge an den einzelnen Menschen stark in den Hintergrund getreten. Zum Teil haben hervorragend ausgebildete haupt- und ehrenamtliche Laien (Frauen und Männer) seelsorgliche Aufgaben übernommen. Viele von uns aber, die als Seelsorger angetreten sind, sind nur noch am Rand Hobbyseelsorger. Es fehlt uns Zeit und Kraft, die Menschen in ihren Lebensgeschichten zu begleiten, in Not und Verzweiflung, Zeit zu haben bei ihren Lebensfesten, wenn ein Kind geboren wird, wenn die Liebe zum Fest der Hochzeit wird, wenn sich Menschen in bedrängter Trauer von ihren Lieben verabschieden. Nicht wenige von uns leiden unter diesem »pastoralen Notstand«[49]. Nicht wenige macht das auch müde und ärgerlich. Sie spüren, dass das, was sie als Priester tun, immer einseitiger wird. Es drängt sie von der Spiritualität in das Management. Natürlich ist auch Leiten ein geistliches Tun, auch wenn es ein hohes Maß an »Technik« und »Leitungskultur« braucht. Und solange wir den Vorsitz in der Feier der Eucharistie mit der Gemeindeleitung innerlich verbinden – was ja theologisch Sinn macht –, brauchen wir Priester eine hohe Leitungskompetenz.

Dennoch: Es entspricht weder dem, was die Leute neuerlich wieder bei uns suchen und was zum innersten Wesen unseres Seelsorgsdienstes als Priester gehört, dass wir eine hohe spirituelle Kompetenz haben. Die Menschen suchen künftig mit Sicherheit wieder den »Gottesmann« und weniger den Seelsorgsmanager allein.

### *Spirituelle Kompetenz*

Das erste, was wir somit in den Jahren vor uns als Priester stärken müssen, ist die Eigenschaft, »Gottesmann« zu sein. Natürlich ist das die Aufgabe der ganzen Kirche und all ihrer Mitglieder, »geistlich« zu sein, im Leben Gott durchlässig zu machen. Die Kirche selbst gilt in der ostkirchlichen Tradition als Ikone Gottes. Gott soll aufscheinen in unser aller Taten, vor allem in der handfesten solidarischen Liebe. Dennoch sind wir »Geistliche« von Amts wegen. Der Anspruch ist bei uns noch schärfer, vor allem deshalb, weil uns die Leute im Volk darauf festlegen.

Wie aber können wir das inmitten des wachsenden Stresses des priesterlichen Arbeitsalltags? Besteht nicht



**49** Schellenberger, Bernadin: Wider den geistlichen Notstand. Meine Erfahrungen mit Seelsorge, Freiburg 1991.

die Gefahr, dass selbst »Jünglinge ermatten, ermüden«, so Jesaja?

Jesaja zeigt den Ausweg: »Aber die SEIN harren«, »sie rennen und werden nicht müde, sie gehen und werden nicht matt« (40,31). Denn der Herr selbst ist einer, der in seinem schöpferischen Tun nicht ermüdet und ermattet. Die Mahnung des Paulus an seinen Freund Timotheus weist in dieselbe Richtung: »Vernachlässige nicht die Gnadengabe in dir, die dir durch Prophetenrede gegeben ward – unter der Handauflegung des Ältestenrats« (1 Tim 4,14).

### *Zeitoffen*

Viele von uns Priestern verhören sich bei der Aufforderung, ein »Gottesmann« zu werden. Sie erliegen der Versuchung, als abgesonderte »Kleriker« klerikal zu werden. Sie vergessen wieder ihre Taufe (oder haben diese noch nie so richtig spirituell entdeckt), kündigen die Geschwisterlichkeit auf. Sie ziehen sich aus der Kirche heraus und pflegen ein herrschaftlich-dienendes Gegenüber zur Kirche. Für sie gilt, dass aus der Ordination der einen eine Subordination der anderen folgt.

Gewiss, dabei spielen nicht nur theologische Gründe eine Rolle, die Sorge um Christus und seine Repräsentation. Vielmehr nisten sich in ihr Amtsbild auch sehr profane Vorstellungen von Autorität und Gehorsam ein.

### *Der zeitoffene Gottesmann*

Es gibt aber auch einen anderen Weg, »Gottesmann« zu sein. Das Zweite Vatikanische Konzil hat ihn uns gewiesen. Es ist der »zeitoffene Gottesmann«. Er hat eine starke Rückbindung in das Geheimnis Gottes. Diese erlebt er ausgedrückt in seiner Weihe, die sein Innerstes erfasst und ihn formt. Zugleich treibt ihn aber gerade die Kraft des göttlichen Geistes, die ihn erfüllt und die bei seiner Weihe überreich auf ihn herabgerufen worden war, hin zu den Menschen. Er fühlt sich nicht zeitlos herausgehoben (und damit in Gefahr, überheblich und weltverachtend zu werden), sondern geht den Weg Gottes in Jesus von Nazaret mit, den Weg der Entäußerung, der Karriere nach unten. Nichts, was Menschen freut und leiden macht, ist ihm fremd.

Er verachtet nicht das redliche Suchen der Menschen auch in den modernen Kulturen, die Bemühungen um Gerechtigkeit und Freiheit in den heutigen Gesellschaften. Er ist stark im Wahrnehmen, wie er eben auch stark ist im Eintauchen in Gott. Eintauchen und Auftauchen verweben sich bei ihm. Taucht er in das Leben der Menschen ein, taucht er immer auch in Gott auf, und umgekehrt, wenn sich er auf den »Berg« zu Gott zurückzieht, steigt er am nächsten Morgen schon wieder in die Niederungen des alltäglichen Lebens herab und begegnet dort den Ausgesetzten (vgl. Mt 8,1–4).

### *Das Kreuz priesterlichen Dienstes*

Jesus hat dieser Weg letztlich ans Kreuz geführt. Auch Priester, die den Weg des »zeitoffenen Gottesmannes« wählen und sich nicht abdrängen lassen in die klerikale Zufriedenheit, aber auch nicht einebnen lassen allein in die zeitgenössischen Lebensniederungen, haben ein ständiges Kreuz zu tragen. Es ist die unaufhebbare Spannung zwischen dem Leben der Menschen und dem Evangelium, eine Spannung, die sich auch weit hinein in die eigene Kirche erstreckt, in der er seinen Dienst im Namen Christi erfüllt. Selbst wenn die Kirche »ideal« wäre, wenn die Kirche also rundum reformiert und im guten Sinn dieses Wortes »modernisiert« wäre, wenn es auch das »Kirchenböse« nicht gäbe, sondern nur das Böse in der Welt, auch dann wäre immer noch die Spannung zwischen dem Evangelium und der modernen Kultur. Dieser »pastorale Grundkonflikt« ist, solange die Weltzeit währt, unbehebbar. Wäre er nicht mehr, wäre das Reich Gottes in Vollendung da. Dann aber brauchte es keine Kirche und keine Priester mehr.

### *Hinabsteigen nach Kafarnaum*

Der spirituell starke Priester wird solche Grundspannung aushalten. Er wird dann nicht im provinziellen und geschützten Galiläa spirituell zufrieden verweilen, sondern wie einst Jesus herabsteigen nach Kafarnaum, die offene heidnische Stadt des modernen Handels, der vielfältigen Weltanschauungen, der experimentellen Moralvorstellungen. Er wird dann nicht mit Kritik an der modernen Welt sparen. Ihn aber wird »liebende Anwesenheit« auszeichnen und er wird die Lebenswelt der modernen Menschen auch »seine Stadt« nennen:

*Und nachdem er Nazaret verlassen hatte, kam er und ward wohnhaft in Kafarnaum am See, in den Gebieten Sebulons und Naftalis, damit erfüllt werde das durch den Propheten Jesaja Gesprochene, der sagt:*

*Land Sebulon, Land Naftali,*
*zum See hin, jenseits des Jordan,*
*Galiläa der Völker:*
*Das Volk, das in Finsternis sitzt,*
*sah ein gewaltiges Licht.*
*Und die in Todes Land und Schatten sitzen:*
*Ein Licht ging ihnen auf.*

*Von da an begann Jesus zu künden und zu sagen:*
*Kehrt um! Denn genaht ist das Königtum der Himmel.*
(Mt 4,13–17)

Anhand dieses Matthäus-Textes hat 1989 Kardinal Carlo M. Martini seine bischöflichen Amtsbrüder belehrt, in welcher Weise sie in der modernen Welt mit dem anvertrauten Evangelium präsent sein sollen[50]: »Um die Geisteshaltung … auszudrücken, will ich mich auf eine Stelle des Matthäusevangeliums beziehen. Am Beginn seines Wirkens – er hat bereits die Versuchungen bestanden – ›verließ Jesus Nazaret, um in Kafarnaum zu wohnen, das am See liegt, im Gebiet von Sebulon und Naftali. Denn es sollte sich erfüllen, was vom Propheten Jesaja gesagt worden ist‹ (Mt 4,13f[51]).

Der Evangelist deutet das, was von außen besehen nichts anderes als einfacher Ortswechsel erscheint, als eine Tatsache von tiefer Bedeutung.

Was war nämlich Nazaret? Ein unbedeutender Marktflecken in Galiläa, der weder im Alten Testament noch bei Josephus Flavius noch im Talmud erwähnt ist. Es ist ein Ort ländlicher Ruhe, einfacher Lebensformen, kleiner Eifersüchteleien und begrenzter Horizonte. Im Vergleich dazu erscheint Kafarnaum als eine offene und bunte Stadt, ein Ort der Arbeit und des Handels, der Banken und des Verkehrs, Grenzstadt im Galiläa der Heiden, Sitz der römischen Verwaltung, Ort der Begegnung zwischen den Kulturen.

Auch für Jesus bedeutet der Ortswechsel nach Kafarnaum, Gewohnheiten, das Vorhersehbare zu verlassen und sich dem Wandel, den Begegnungen auszuliefern, dem, was wir heute Auseinandersetzung mit der ›Moderne‹, mit der ›Komplexität‹, mit dem ›Pluralismus‹ nennen. Nach Kafarnaum hinabsteigen hieß also, sich mit einer neuen Lebensweise auseinanderzusetzen, mit Leuten, mit dem täglichen Leben, das gekennzeichnet ist von harter Arbeit und Leiden, von Neuem und Unsicherheit. Nicht umsonst beschreibt der Evangelist Markus den ersten Aufenthalt Jesu in Kafarnaum als eine Begegnung mit Besessenen und mit allen möglichen Kranken (Mk 1,23.30.32).

**50** Auszug aus Martini, Kardinal Carlo Maria: Eröffnungsansprache zum Symposium »Umgang des heutigen Menschen mit Geburt und Tod: Herausforderung für die Evangelisierung«, in: Die europäischen Bischöfe und die Neu-Evangelisierung Europas. Rat der europäischen Bischofskonferenzen (CCEE), hg. v. Sekretariat der Deutschen Bischofskonferenz und dem CCEE Sekretariat, Bonn-St. Gallen 1991, 316–327.
**51** So die Einheitsübersetzung.

Jesus begegnet diesem Wandel nicht widerwillig, so als ob er nostalgisch Nazaret verbunden geblieben wäre. Er hat Kafarnaum so angenommen, dass man es ›seine Stadt‹ nennen konnte (Mk 9,1). Das hinderte ihn nicht, frei und kritisch gegenüber der Stadt zu sein. Er verschweigt nicht die Schuld, spart nicht mit Mahnungen, bis hin zur Drohung, wie man in Mt 11,23 sieht. Aber alles nimmt seinen Ausweg von einer tiefen Liebe, von einer täglichen Anwesenheit, von einem Teilnehmen am Geschick und den täglichen Leiden seines Volkes.

Etwas Ähnliches ist schon den Verbannten im fünften Jahrhundert gesagt worden, von denen im 29. Kapitel bei Jeremia die Rede ist. Sie lebten vom Heimweh nach der alten Kultur in Jerusalem, und sie fühlten sich wie Fremdlinge im Land Babylon. Der Prophet Jeremia sagt ihnen nicht, sie sollten Jerusalem vergessen. Er verbietet ihnen auch nicht, ihr Idealbild vor Augen zu haben. Er untersagt ihnen aber das Heimweh nach einer Lebensweise, die es nicht mehr gibt und niemals mehr geben wird und die sie hindert, mit Liebe in der neuen Stadt zu arbeiten, die in der Zwischenzeit, ohne dass sie es sich ausgesucht hätten, ihnen durch den Gang der Dinge anvertraut worden ist:

›So spricht der Herr der Heere, der Gott Israels, zur ganzen Gemeinde der Verbannten, die ich von Jerusalem nach Babel weggeführt habe: Baut Häuser und wohnt darin, pflanzt Gärten, und esst ihre Früchte! Nehmt euch Frauen, und zeugt Söhne und Töchter, nehmt für eure Söhne Frauen, und gebt euren Töchtern Männer, damit sie Söhne und Töchter gebären. Ihr sollt euch dort vermehren und nicht vermindern. Bemüht euch um das Wohl der Stadt, in die ich euch weggeführt habe, und betet für sie zum Herrn; denn in ihrem Wohl liegt euer Wohl.‹ (Jer 29,4–7)[52]

**52** Bei Buber: *»So hat ER der Umscharte, der Gott Jissraels, gesprochen: An alle Verschlepptenschaft, die ich aus Jerusalem nach Babel verschleppen ließ: Baut Häuser und siedelt, pflanzt Gärten und eßt ihre Frucht! Nehmt Weiber und zeugt Söhne und Töchter, nehmt euren Söhnen Töchter und eure Töchter gebt Männern, dass sie Söhne und Töchter gebären, mehrt euch dort, mindern dürft ihr euch nimmer! Und fragt dem Frieden der Stadt nach, dahin ich euch verschleppen ließ, betet für sie zu MIR, denn in ihrem Frieden wird euch Frieden sein.«*

Auch Jona, nach Ninive geschickt, muss auf seine Kosten lernen, diese Stadt zu lieben und sich über ihre Bereitschaft zur Umkehr zu freuen, denn wie könnte es Gott ›nicht leid sein um Ninive, die große Stadt, in der mehr als hundertzwanzigtausend Menschen leben, die nicht einmal rechts und links unterscheiden können – und außerdem so viel Vieh?‹ (Jona 4,11[53])«

**53** Buber: »*Mich aber sollte nicht dauern Ninives, der großen Stadt, darin es mehr als zwölf Myriaden von Menschen gibt, die zwischen Rechts und Links nicht wissen zu unterscheiden, und Getiers die Menge?!*«

# Gemeindeentwicklung

Die Kraft der Kirche sind nicht nur Personen mit hoher pastoraler, sozialer und spiritueller Kompetenz. Kirchen leben zugleich von Orten, von Gemeinschaften. »Kirche ist Gemeinschaft«, dieses plakative Leitwort kirchlicher Reformbewegungen drückt ihr Wesen aus.

Gemeinschaften sind wie Lebewesen. Sie haben eine Geschichte, werden geboren, reifen heran, altern, sterben. Leben auch von Gemeinschaften ist demnach Entwicklung. Gemeinschaften, die sich nicht (mehr) entwickeln, sterben. Die Alternative für gläubige Gemeinschaften heißt daher aufbrechen oder untergehen, entwickeln oder sterben.

Nicht wenige kirchliche Gemeinschaften schicken sich in unseren Breiten an zu sterben. Das trifft nicht nur Ordenskommunitäten. Auch Pfarrgemeinden können sterben. Wenn sie sterben, dann nicht allein wegen des Priestermangels, sondern wegen der Unfähigkeit, junge Menschen zu gewinnen. Die Alten verlassen die Kirchenbänke, Junge rücken in sie nicht nach. Nicht wenige Kirchen werden hierzulande morgen leer bleiben. Das geschieht keineswegs immer nur aus Schuld der Alten. Viele klagen sich an, was haben wir falsch gemacht, was unterlassen. Vielleicht ist es nur der Gang des Lebens, dass bestimmte Formen kirchlicher Gemeinschaften sterben. Gleichzeitig entstehen daneben neue Gemeinschaftsformen, neue Orden, neue geistliche Bewegungen. Es braucht für sterbende Gemeinschaften eine angemessene Sterbekultur. Es gilt auch für Gemeinden, wenn ihre Zeit heranreift, »in Würde und Charakter« zu sterben (Cicely Saunders von der Hospizbewegung).

Ich gestehe, dass mich nicht nur das Sterben von Ordensgemeinschaften bedrückt (das Land wird ärmer und kühler), sondern auch das mögliche Sterben von Pfarrgemeinden. Denn diese haben – auch im fairen Vergleich mit den neuen Geistlichen Bewegungen – Stärken. Es sind Gemeinschaften, in denen man sich – weil sie örtlich bestimmt werden – die Brüder und Schwestern nicht aussucht. In Wahlgemeinschaften wählt man sich nicht nur hinein, sondern sucht Geistesverwandte. Und diese geistliche Ähnlichkeit kommt nicht nur aus dem Evangelium. Es spielen andere Merkmale eine Rolle, der Umgang mit der Freiheit, die Einstellung zur modernen Welt, die Haltung zum Gehorsam kirchlichen Autoritäten gegenüber, die Sicherheit, aus dem Evangelium eine bestimmte Gestalt des persönlichen Lebens und des gesellschaftlichen Zusammenlebens ableiten zu können.

Ortsgemeinden haben im Vergleich zu Geistlichen Bewegungen noch eine andere Stärke. Sie bilden – wo die Kirchen (noch) stark genug dazu sind – lückenlose Netzwerke diakonaler Aufmerksamkeit. Wenn sie nicht ihre diakonale Kraft verloren haben, dann sind sie wie das »Auge der Kirche«, das auf jene hinschaut, die in Not geraten. »Erkannt habe ich seine Leiden!« (Ex 3,7) ist auch ihr Markenzeichen. Geistliche Bewegungen können das nicht leisten. Bei vielen ist das Hauptanliegen die Bekehrung der Erwachsenen. Dazu werden viele geistliche Anstrengungen unternommen. Der handfeste Dienst an den Nächsten steht nicht so sehr im Zentrum. Nicht zuletzt nennen sie sich auch deshalb »Geistliche« Bewegungen und nicht Gruppen der Sozialpastoral.

Es gibt eine Alternative zum Sterben und die heißt aufbrechen, verjüngen, in eine neue Entwicklungsphase eintreten. Abram und Sara können den Weg zu dieser Alternative weisen.

## Und Sara lachte

*ER ließ von ihm an den Steineichen Mamres sich sehen, als er bei der Hitze des Tags im Einlaß des Zeltes saß. Er hob seine Augen, sah: da, drei Männer, aufrecht über ihm. Er sah, lief vom Einlaß des Zelts ihnen entgegen und neigte sich zur Erde und sprach: Mein Herr, möchte ich doch Gunst in deinen Augen gefunden haben, schreite an deinem Knecht doch nimmer vorüber! Es werde doch ein wenig Wasser geholt, dann badet eure Füße und lehnet unter dem Baum, ich hole einen Bissen Brot, ihr labt euer Herz, danach mögt ihr weiterschreiten. Warum sonst wärt ihr bei euerm Knecht vorübergeschritten! Sie sprachen: Tu so, wie du geredet hast. Abraham eilte ins Zelt zu Ssara und sprach: Eil dich! Drei Maß Mehl, feines! knete, mache Kuchen! Und zu den Rindern lief Abraham, holte ein Jungrind, zart und gut, und gabs dem Knaben, daß ers eilends zurechtmache. Dann holte er Sahne und Milch und das Jungrind, das er hatte zurechtmachen lassen, und gab es vor sie. Er aber stand über ihnen unter dem Baum, während sie aßen. Sie sprachen zu ihm: Wo ist Ssara dein Weib? Er sprach: Da im Zelt. Nun sprach er: Kehren, kehren will ich zu dir, wann die lebenspendende Zeit ist, da hat Ssara dein Weib einen Sohn. Ssara aber horchte am Einlaß des Zelts, der war hinter ihm. Abraham und Ssara waren alt, hochgekommen in die Tage, aufgehört hatte es Ssara zu gehen nach der Art der Weiber. Ssara lachte in sich hinein, sprechend: Nachdem ich zermorscht bin, würde mir Üppigkeit? und auch mein Herr ist alt. ER aber sprach zu Abraham: Warum lacht Ssara und spricht: Soll ich wahrhaftig gebären, und ich bin doch alt! Ist IHM ein Ding entrückt? Zur Frist kehre ich zu dir, wann die lebenspendende Zeit ist, und Ssara hat einen Sohn. Ssara leug-*

*Sieger Köder, Da lachte Sara,*
*Wasseralfinger Altar (Ausschnitt)*

*nete, sprechend: Ich habe nicht gelacht. Denn sie fürchtete sich. Er aber sprach: Nein, wohl hast du gelacht.* (Gen 18,1–15)

Abram erhält, so die alte Erzählung, Besuch von Gott in drei Fremden. Schon das ist für uns Heutige eine wichtige Nachricht. Gott begegnet in den Anderen, in den Fremden. Gastfreundschaft wird zur Gottesbegegnung.[54] Abram bewirtet mit Hilfe seiner Frau Sara die Gäste in nobler Weise.

Der Besuch der drei Männer gilt einem Alten. Auch seine Frau ist schon in hohem Alter. Sie sind schon weit über jene Zeit hinaus, in der sie Kinder zeugen konnten. Beide waren unfruchtbar. Kinder waren aber später in Israel die große Hoffnung der Menschen, nicht nur, um in ihnen fortzuleben, sondern wegen der Möglichkeit, dass aus ihrem Geschlecht der Messias hervorgehen werde.

Und dann kommt die Überraschung. Die Gäste sagen, dass die Kinderlosen und Unfruchtbaren ums Jahr, wenn sie wiederkommen, ein Kind haben werden. Für Sara, die am Zelteingang mitlauscht, ist das so unvorstellbar, dass sie darüber nur lachen kann. Darauf von den Gästen angeredet, leugnet sie das zwar, aber vergeblich. Ihr Lachen war so offenkundig, dass auch das Kind später den Namen »sie lachte« (jizchak) erhielt, nämlich Isaak. Er ist ein Kind der Verheißung.

Solche Geschichten, dass Unfruchtbare gebären, wiederholen sich in der Heilsgeschichte.

»Auch Elisabet, deine Verwandte«, so erzählt Lukas in der Kindheitsgeschichte Jesu, »hat noch in ihrem Alter einen Sohn empfangen; obwohl sie als unfruchtbar galt, ist sie jetzt schon im sechsten Monat.« Und er fügt gleich die Begründung hinzu: »Denn für Gott ist nichts unmöglich.« (Lk 1,36f)

**54** Zur Rolle der Gastfreundschaft in der Pastoral: Zerfaß, Rolf: Menschliche Seelsorge. Für eine Spiritualität von Priestern und Laien im Gemeindedienst, Freiburg 1985. – Auch die Regel des heiligen Benedikt kennt eine gut gestaltete Gastfreundschaft.

### *Kirchenschwangerschaft*

Die Lage der christlichen Kirchen schaut in unseren Breiten jener von Abram und Sara sehr ähnlich. Auch die Kirchen sind alt geworden – wie die Gesellschaften, in denen sie leben, zunehmend überaltern. Weltkirchlich gesehen leben wir Christen in Europa im Vergleich zu den jungen Kirchen der Südregionen der Erde – Lateinamerika, Afrika, Asien – im Altersheim. Das betrifft nicht nur den Altersdurchschnitt der teilnehmenden Kirchenmitglieder und der Priester/Ordensleute. Es bezieht sich das Bild vom »Altersheim« auch auf die innere Lebenskraft der Kirchen hierzulande. Sie sind »unfruchtbar«. Es gelingt ihnen nicht, bildlich gesprochen, in Glaubensschwangerschaften Glaubenskinder hervorzubringen. Die Glaubensmütter (ein altes Bild für die christlichen Gemeinden) und Glaubensväter (jene die Über-Zeugungs-Arbeit leisten) hierzulande gelten als unfruchtbar.

Der Hoffnungssatz von Lukas, kann dieser auch auf unsere Kirchen zutreffen: »Bei Gott ist kein Ding unmöglich!«? Ist es denkbar, dass auch den altgewordenen Kirchen und Kirchengemeinden vom gastfreundlich aufgenommenen Gott verheißen wird: Ums Jahr, wenn ich wiederkomme, wird ein Kind da sein?

Die Einlösung der Hoffnung beginnt mit dem Aufnehmen Gottes, also mit Gastfreundschaft. Ohne ihn werden die Alten, wird die alte Kirche hierzulande kinder- und zukunftslos sterben.

Die Kirchen können dann auf das Wort der Verheißung setzen. Wenn Gott in unseren Breiten eine lebendige Kirche will, dann kann er sie auch inmitten der müde und alt gewordenen Kirche schaffen. Aus der Sara-Kirche kann eine Isaak-Kirche hervorgehen.

Wir wissen nicht, wie lange dann eine solche Kirchenschwangerschaft dauern wird. Wie lange ist ein solches Kirchen-Jahr? Aber hier gilt wohl: Wichtig sind nicht die zählbaren Jahren, sondern entscheidend ist die Hoffnung, dass es möglich ist und geschehen wird.

Aber gehen nicht auch hier bei uns die Kirchen schwanger? Trifft es denn wirklich zu, dass alle Entwicklungen in den Untergang führen? Gibt es nicht gleichzeitig, neben den Anzeichen des Sterbens, auch Aufbrüche? Hierher gehört sicher, dass es viele Gemeinden und Gemeinschaften gibt, die sich auf den Weg gemacht haben. Noch nie haben sich in den Kirchen so viele Mitglieder ehrenamtlich beteiligt wie heute. Das Selbstbewusstsein der Frauen, ihre Bereitschaft und ihr Anspruch, den Gang der Kirche nachhaltig mitgestalten zu können, gehört sicherlich zu den Hoffnungszeichen der kirchlichen Entwicklung. Auch das Zusammenwachsen der christlichen Kirche in der innerkirchlichen Ökumene sowie die wachsenden Bemühungen um eine Begegnung der großen Weltreligionen ermutigen. Dazu kommt das starke solidarische Engagement von Christinnen und Christen: als Einzelne, in Netzwerken. Der Hinweise auf eine laufende Kirchenschwangerschaft sind viele.

Noch wissen wir nicht, wie der Kirchen-Isaak morgen aussehen wird. Wir erahnen vielleicht etwas von seiner Gestalt, wenn wir »kirchlichen Ultraschall« anwenden und fragen, was die Kirche morgen für die Welt zu tun haben wird und welche Sozialform sie sich dazu geben soll.

Es ist auch nicht möglich, die Geburt zu beschleunigen. Denn das ergäbe wie im Leben auch eine Risikogeburt. Zugleich sollte aber ein Gefühl für die Zeit wachsen. Denn wenn die Schwangerschaft zu lange dauert, ist das Kind gleichfalls gefährdet. Die rechte Zeit ist zu erfühlen. Durch eine Art »Schwangerschaftsgymnastik«, um immer noch im Bild zu bleiben, kann sich die alte Sara-Kirche auf die Geburt vorbereiten.

Eines wäre freilich absurd: Sara zu töten, bevor sie geboren hat. Sie (die überkommene Gestalt der Kirche) mag in Würde altern. Sie kann eines Tages, wenn ihre Zeit gekommen ist, in Frieden und Würde sterben. Aber ihre Aufgabe ist es, Isaak zu gebären und dafür alle Kräfte zu bündeln.

Trauen wir der Verheißung Gottes? Dann hoffen wir zu Recht, dass sich auch bei uns die Kirche erneuern und zu neuer Lebendigkeit gelangen wird.

## Wunder

glauben sie
fragte sie zögernd
es wäre ein wunder
wenn morgen
wieder leben käme
in unserer kirche?
und wollten sie
wirklich
uns lehren
zu glauben
an dieses wunder?
übers Jahr komme ich wieder zu dir
dann wird deine Frau Sara
einen Sohn haben

(Paul M. Zulehner, zu Gen 18,19)

## Turm bauen als Projektmanagement

*Denn: Wer von euch, der einen Turm bauen will, setzt sich nicht zuerst hin und errechnet die Kosten, ob es ihm zur Ausführung reicht – damit nicht etwa, wenn er den Grundstein gelegt und nicht stark genug ist, zu vollenden, alle die hinschauen, anfangen ihn zu verhöhnen und zu sagen: Dieser Mensch hat zu bauen angefangen und ist nicht stark genug, zu vollenden.*
(Lk 14,28–30)

In den letzten Jahren wurde ein intensives Gespräch zwischen Pastoraltheologie und Organisationswissenschaft geführt. Professionelle Kirchen- und Gemeindeentwicklung wurde zum Thema. In fast allen Diözesen des deutschsprachigen Raums wurde eine kompetente Gemeindeberatung aufgebaut. Weit über die Grenzen der Gemeindeberatung hinaus breitete sich gemeindeberaterisches Alltagswissen aus.

So ist heute unumstritten, dass wer eine Entwicklung will, sich dafür zunächst einmal entscheiden muss. Diese Entscheidung braucht eine breite Basis. Es gibt keine Gemeindeentwicklung gegen den Pfarrer, aber auch keine, die nur der Pfarrer will, aber die Leute nicht. Das gilt auch auf der Ebene von Kirchengebieten. Ohne die Kirchenleitung ist die katholische Kirche kaum zu reformieren. Aber auch die Kirchenleitung kann keine Reformen durchführen, wenn sie nicht das Kirchenvolk dazu gewinnt.

Unumstritten ist auch, dass es ein Leitbild braucht und dahinter eine Vision. Wer nicht weiß, wo er hin will, wird keine gedeihliche Entwicklung durchmachen können. Zwar kann es dann intensive Aktivität geben. Aber man geht im Kreis, tritt auf der Stelle oder geht, schlimmstenfalls, in die falsche Richtung.

Akzeptiert ist, dass es neben der Analyse auch eine »visionsgeleitete« Situationsanalyse braucht. Der Soll-Zustand wird mit dem Ist-Zustand verglichen. So wurden in den letzten Jahren vielfältige Analysen bis hinein in die Pfarrgemeinden durchgeführt.

Spätestens hier versandeten aber viele pfarrgemeindliche Entwicklungsprojekte. Entweder sind sie in den übermächtigen Träumen erstickt. Oder es wurden keine kleinen Schritt auf das Ziel hin geplant und gegangen. Was heute also in unseren Kirchenbreiten zu lernen ansteht, ist diese Kleinarbeit. In Fachkreisen heißt sie Projektarbeit.

Hier geht es um die Konkretisierung der Vision und des Leitbilds in kleine, auswertbare Projekte. Da setzt sich dann jemand hin, der die Vision hat, einen Turm zu bauen, ob auch die Mittel reichen.

Projekte wachsen, wenn eine Reihe von Details geklärt wird. An erster Stelle sind ein konkretes auswertbares Ziel und ein präziser Zeitrahmen zu bestimmen:

»Von jetzt weg genau in einem Jahr ist sichergestellt, dass ...« So lässt sich der Zeitrahmen bestimmen. Dann muss aber auch das, was sichergestellt ist, überprüfbar sein. McKinsey formulierte zusammen mit der Lutherischen Landeskirche in Bayern das Ziel, dass in zehn Jahren in diesem Kirchengebiet mehr Menschen in die Kirche ein- als austreten. Kein auswertbares Ziel wäre zum Beispiel: »In einem Jahr ist Frauenförderung sichergestellt.« Das kann so nicht überprüft werden. Denn wann sind Frauen in der Kirche wirklich und nachhaltig gefördert? Besser wäre etwa folgende Formulierung: »In drei Jahren ist sichergestellt, dass zwei Frauen diözesane Ämter leiten.« Festzulegen sind dann auch die verantwortlichen Personen, die Räume und die finanziellen Mittel.

In der Schultheologie war für ähnliche Vorgänge aus Fragen ein lateinischer Merkvers geschmiedet worden:

Quis, quid, ubi, quibus auxiliis, cur, quomodo, quando. (Wer, was, wo, mit welchen Mitteln, warum, wie, wann.)

Im entwicklerischen Übereifer neigen manche dazu, viele Projekte auf einmal in Angriff zu nehmen. Hier gilt: Der Weg zur Nichtentwicklung ist mit vielen Projekten gepflastert.

## Baut der Herr nicht das Haus

*Will ER ein Haus nicht erbauen, wahnhaft mühn sich dran seine Erbauer. Will ER eine Stadt nicht behüten, wahnhaft durchwacht der Hüter.*
(Ps 127,1)

Bei aller Begeisterung für kluges Pastoralmanagement (hierher gehören Leitungskompetenz, Teamfähigkeit, kooperative Pastoral, Raumplanung, Projektmanagement) darf freilich nicht in Vergessenheit geraten, dass die Kirche letztlich Gottes Pastoralunternehmen ist und nicht unseres. Er ist und bleibt der Bauherr der Kirche.

Die biblische Tradition gibt uns noch eine gute Anleitung für den Hausbau der Kirche Gottes. Diese steht in engem Zusammenhang mit dem Wunsch des Zweiten Vatikanischen Konzils, die Kirche auf die Welt hin zu öffnen. Nach langen Jahrzehnten der Verschließung der Kirche gegenüber der modernen Welt öffnete Johannes XXIII. die Fenster und auch die Türen der Kirche.

Das gehe zu weit, klagten schon auf dem Konzil und gleich danach viele. Die Mauern der Kirche seien niedergerissen. Die Türen stünden sperrangelweit offen. Statt dass die Kirche zur Welt komme, sei die (böse) Welt in die Kirche eingedrungen. Nicht die Welt sei christlicher, sondern die Kirche weltlicher geworden. Die Schließung der Offenheit werde verlangt.

*Der heilige Markus trifft in Aquileia ein,*
*Elfenbeintafel*

Manche berufen sich dann auf den Propheten Nehemia. Er sieht Jerusalem in Trümmer. Deshalb fordert er seine Zeitgenossen auf:

*Ich sprach zu ihnen: »Ihr seht den Übelstand, in dem wir sind, daß Jerusalem verödet ist und seine Tore im Feuer verbrannt sind, – geht dran, erbaun wollen wir die Mauer Jerusalems, daß wir nicht mehr eine Schmach seien!«*
(Neh 2,17)

Die Schließung der Offenheit der Kirche wird verlangt. An solchen Forderungen ist ein Körnchen Wahrheit. Denn in postmoderner Zeit, in der alles immer diffuser wird, hat nur eine »Marktchance«, wer Profil hat. Profil kommt aus Abgrenzung. Dazu kommt, dass die große Offenheit zumal schwache Teile der Kirche verängstigt.

Es gäbe zumal für die ängstlichen Kirchenmaurer eine andere Weisung der Bibel. Die Schutzbedürftigkeit wird dann nicht durch das Aufrichten schützender Mauern gewonnen. Vielmehr sagt der kleine Prophet Sacharja im Namen Gottes zu einem jungen Mann, der für Jerusalem schützende Menschenmauern vermessen will:

*Er aber sprach zu ihm: Lauf, rede zu dem Burschen dort, sprich: Dorfoffen soll Jerusalem siedeln, ob der Menge von Menschen und Vieh ihm inmitten, selber ich werde für es, ist SEIN Erlauten, eine Feuermauer ringsum, und zum Ehrenschein werde ich ihm inmitten.*
(Sach 2,8–9)

### Habe ich nicht?

Deshalb nichts zu tun, wäre keineswegs fromm. Von gläubigen Unternehmensberatern wird dazu folgende Geschichte erzählt.

In einem Tal liegt ein Dorf. In ihrem Zentrum steht die Pfarrkirche. Viele Menschen leben dort.

Oberhalb des Dorfes ist der Damm eines mächtigen Stausees.

Eines Tages birst der Damm. Die Wasserfluten strömen das Tal herunter. Die Leute flüchten hastig auf die Hänge. Nur der Pfarrer bleibt. Sein Argument: »Gott wird mich retten.«

Schon steigt das Wasser, der Pfarrer schaut beim obersten Turmfenster heraus. Da fahren die Leute mit einem Motorboot zum Pfarrer, um ihn vor den steigenden Fluten zu retten. Er aber: »Nein, ich bleibe. Gott wird mich retten!«

Schließlich muss er bis an die Spitze des Turms. Die Leute kommen mit einem Hubschrauber. Doch wieder der Pfarrer: »Gott wird mich retten!« Und ertrinkt.

So kommt er vor Gott. Ganz erbost sagt er zu diesem: »Jetzt habe ich so sehr auf dich vertraut, und du hast mich nicht errettet.« – »Was heißt, ich habe nichts getan«, erwidert Gott: »Ein Boot habe ich dir geschickt, einen Hubschrauber …«

## Schriftstellen

(Aufgeführt sind die Stellen, zu denen es im Buch ausführlichere Pastoral-Meditationen gibt.)